BEI GRIN MACHT SICH IHR WISSEN BEZAHLT

Ilse Frapan

Der erste Blick hinter die Coulissen

Aus: Flügel auf! Novellen

GRIN Verlag

Bibliografische Information der Deutschen Nationalbibliothek:

Die Deutsche Bibliothek verzeichnet diese Publikation in der Deutschen National-
bibliografie; detaillierte bibliografische Daten sind im Internet über http://dnb.d-
nb.de/ abrufbar.

Impressum:

Copyright © 2008 GRIN Verlag GmbH
Druck und Bindung: Books on Demand GmbH, Norderstedt Germany
ISBN: 978-3-640-23453-0

Dieses Buch bei GRIN:

http://www.grin.com/de/e-book/119872/der-erste-blick-hinter-die-coulissen

GRIN - Your knowledge has value

Der GRIN Verlag publiziert seit 1998 wissenschaftliche Arbeiten von Studenten, Hochschullehrern und anderen Akademikern als eBook und gedrucktes Buch. Die Verlagswebsite www.grin.com ist die ideale Plattform zur Veröffentlichung von Hausarbeiten, Abschlussarbeiten, wissenschaftlichen Aufsätzen, Dissertationen und Fachbüchern.

Ilse Frapan

Der erste Blick hinter die Coulissen

[aus „Flügel auf! Novellen", erstmalig erschienen 1895]

Fräulein Adelheid Severin war sehr vergnügt aufgestanden und schon beim Waschen von ihrer Freundin Annita mit Glückwünschen und Küssen überfallen worden, obgleich ihre Nase gerade eingeseift war. So hatte sich's Adelheid gewünscht, und es stand ihr frei zu wünschen, denn sie beging ihren siebzehnten Geburtstag. Annita hatte einen vollen Veilchenkorb, eine Menge frischer Februarluft und zwei Backen wie dunkle Frühjahrsrosen mit hereingebracht, und in Adelheids Zimmer war bald ein lautes Zwitschern und Girren entstanden, wie es so ein paar sorgenlose leichtflüglige Vögel zu vollführen pflegen, sobald sie auf demselben Stängelchen zu sitzen kommen.

Auf einem Stuhle saßen sie allerdings, und die große hellblonde Adelheid drückte ihr etwas formloses Gesicht an das kleinere dunkle Mädchen. Bewundernd fuhr sie ihr über die schweren schwarzbraunen Flechten, die, von silbernen Nadeln gehalten, tief in den Nacken herunterfielen:

»Wenn Du so rothe Backen hast, kann niemand gegen Dich aufkommen.«

»Ah, ich bin ja nur ein schwarzer Zwerg«, wehrte Annita, »aber ich bleibe den ganzen Tag hier, und es soll so lustig werden, wie noch nie.«

Adelheid war fast ein Jahr älter als die Freundin, aber sie waren von je Mitschülerinnen gewesen. Sie häkelten dieselben Spitzen, schwärmten für denselben Literaturlehrer, trugen dieselben gestickten Theeschürzchen und aßen von demselben Schneeball, wenn sie gelegentlich, hinter einem Pfeiler versteckt, in der Konditorei von Homann den Empfangstag monatlichen Taschengeldes feierten.

Sie hatten auch schon zusammen geweint, am meisten, wenn Adelheids Mama »ungerecht« war und ihr nicht erlauben wollte, in den Wochentagen zu lesen. »Schon wieder das buch vor der Nase Herrjes, Kind, hast Du denn gar nichts Besseres vorzunehmen?« Dann war Annita noch trauriger und empörter als ihre Freundin, und ein paarmal hatte sie schon Worte gegen Frau Severin auf der Zunge gehabt, – Worte – – aber sie hatte sie zum Glück wieder verschluckt, um sich im Leseklub, den die Mama erlaubte, mit Heftigkeit auszusprechen.

»Wißt Ihr was? Ich habe einen Satz von Jean Paul gefunden, darin sagt er, die Frauen hätten ein verwachsenes, verkochtes, vernähtes Leben Solche kluge Männer, solche Dichter und Schriftsteller, müssen es doch wissen, nicht?«

Alle Mädchen fingen an zu lachen: »Igitt, wie dumm Was wissen die Schriftsteller davon Die schweben ja immer in den höhern Regionen. Sollen sich die Herren vielleicht selber die Knöpfe annähen? Und übrigens, was für'n Unsinn, waschen thut man doch nicht? Das haben wir doch gottlob nicht nöthig, das thut doch das Mädchen oder die Schnellwäscherei, und wenn ich auch mal in die Küche geh' und nach dem Topf seh', darum fällt mir noch lange keine Perle aus der Krone«

»Jean Paul ist überhaupt furchtbar überspannt, glaub' ich, den dürfte ich nicht lesen« rief ein älteres Mitglied aus der Ecke.

Annita war überstimmt. Sie weinte jetzt vor Ärger, klopfte auf den Tisch und rief: »Sagt, was Ihr wollt, Adelheid und ich, wir wollen nicht nur so Hausfrauen werden —«

Über die Gesichter der Mädchen legte sich kaltes Entsetzen. Sie ließen sämmtlich ihre Stickereien sinken und starrten Annitas geröthete Augen an.

»Sie wollen keine Hausfrauen werden,« sagten sie flüsternd; alle sahen auf einmal fremd und feindselig aus. Endlich rief eine mit spitzem Lachen:

»Ich glaube, Ihr braucht nicht bange zu sein, mit solchen Grundsätzen kriegt man gewiß keinen ab.«

Ein triumphirendes Hohngelächter fiel ein. Annitas Augen funkelten:

»Ich will mich überhaupt so wie so nicht verheirathen« rief sie überlaut. Da ging die Thür auf, und die Mutter des Mitglieds, bei dem grade der Klub abgehalten wurde, erschien mit prüfendem lauerndem Blick auf der Schwelle.

»Was für unpassende Gespräche für so junge Mädchen«, sagte sie verweisend gegen Annita, »Sprecht lieber etwas Angemesseneres Hier in der ›Modenwelt‹ ist ein puppiger Babyschuh, den könnten Sie mir vielleicht abhäkeln, nicht Adelheid? Sie haben eine so liebe vernünftige Mama«, und sie legte die Hand auf Adelheids Haar, »lassen Sie sich nur nicht weis machen, daß irgendein Mensch in der ganzen Welt besser versteht, was Ihnen gut ist, als Ihre liebe praktische Mama, die ich herzlich grüßen lasse.«

Adelheid war sehr roth geworden damals; »ja, liebe Frau Pastorin,« hatte sie gemurmelt, und Annita hatte es ihr nicht übel genommen, daß sie sie nicht vertheidigt hatte. Sie beschlossen dann beide auf dem Heimwege, nicht zu heirathen, und Adelheid meinte nur, Annita sei etwas zu weit gegangen, und es könnte leicht etwas Unangenehmes geben.

Und das war auch geschehen. Nacheinander hatten die Mitglieder ihren Austritt aus dem Leseklub angezeigt, die eine ohne Angabe der Gründe, die meisten unter einem Vorwand. Die Pastorstochter hatte im Namen ihrer Mutter mitgetheilt, daß sie leider in Zukunft nicht mehr kommen könne, da sich »ungeeignete Elemente« in dem Klub geltend machten. Eine hatte sich abgemeldet wegen »Bruchs der Statuten.« Jede Theilnehmerin hatte sich nämlich feierlich verpflichtet, bei ihrer Verlobung eine Eistorte, bei ihrer Verheirathung einen Ball zu spendiren. Wohin gerieth man nun, wenn es Mitglieder gab, die von vornherein die Absicht kundthaten, sich weder zu verloben noch zu verheirathen?

Annita war sehr betrübt und reuevoll gewesen über ihre Schroffheit, die so schreckliche Folgen gehabt hatte. Sie fiel Frau Severin um den Hals und bat sie mit Thränen, ihr zu verzeihen und sie nicht von Adelheid zu trennen, die auf der andern Seite an der Mutter herumstreichelte und schon zwei Taschentücher vollgeweint hatte.

Die dickbäckige weichherzige Frau wußte gar nicht, wie ihr geschah. »Kinder, Kinder, was macht Ihr mir für Kummer,« stöhnte sie, »achhott, Nita, heul doch nicht so, ich bin Dir ja gar nicht mehr böse, nee, nee, ich hab' da nix gegen, daß Du Adelheid besuchst, hast ja keine Mama, arme Deern, ach nee, das find ich nu auch 'n büßchen von Frau Pastorin – das wird je alle nich so heiß aufgegessen, wie das gekocht wird, – nee, komm Du man, aber ich will Dir was sagen Kind, Du mußt Adelheid ihre Flickstunde mitnehmen, und zum Frühjahr könnt Ihr zum Plättkursus in die Gewerbeschule gehn. All die Grappen und Mucken im Kopf, die locken keinen Hund hinterm Ofen raus, und wir sind einfache Leute, Papa muß arbeiten, ich muß arbeiten, die Jungens müssen arbeiten, Adelheid muß ihr Theil thun. Ich bin he auch nich so, ich les' je gern beim Stricken, die Marlitt is ganz nett so weit, und die Heimburg is noch netter, da könnt ihr nichts Schlechtes aus lernen. Und Galen schrieb auch sehr schön, aber das war mehr früher, und Ihr müßt nich denken daß ich prosaisch bin. Zum Beispiel Julius Sturm, den seine Gedichte sind so niedlich – ach, Ihr seid je noch Kiekindiewelts, Ihr müßt noch viel lernen, eh' Ihr mal' 'n Hausstand führen könnt«

Dieser Vorfall hatte die Freundinnen enger verbunden, Annita machte keine Bemerkungen mehr über Frau Severin, und die gute Dame hatte das mutter- und geschwisterlose Mädchen, dessen Vater sehr viel auf Reisen war, wie ihre eigene Tochter ans Herz genommen.

Eben erscholl ihre etwas weinerliche Stimme vor der Thür der säumigen Mädchen. »Aber so kommt doch endlich Ich lauf' immerlos mit der Chokoladenkanne wieder in die Küche Nita, mußt mal'n büschen nachpökern Die Jungens müssen je weg, und sie wollen Dir doch vorher gratuliren, Adelheid.«

Mit verschlungenen Armen liefen die Freundinnen die Treppe hinunter, in die Eßstube, wo der Geburtstagstisch zwischen zwei Fenstern ihnen entgegenleuchtete, denn der älteste Bruder hatte grade, als er die Mädchen draußen hörte, die siebenzehn Lichter um die Torte angezündet.

»Guten Morgen, mein altes Zebra«, sagte der Tertianer Paul, der dritte in der Reihe der fünf hellblonden, dünn aufgeschossenen Severins; »ich schenk' Dir diesen Fingerhut; wenn er zu weit ist, kann ich ihn umtauchen.«

»Ach, wie reizend, Perlmutter« rief Adelheid, die in ihrem braun und weiß gestreiften Morgenkleide schon ganz wie ihre Mama im kleinen aussah.

»Paul, wähle doch nicht immer solche zoologische Bilder« sagte August, der älteste, der schon Comptoirist in einem großen Bankgeschäft war, »Adelheid, ich erlaube mir, Dir mit diesem Regenschirm unter die Arme zu greifen; eine Beschirmung ist immer nothwendig für junge Mädchen, finden Sie nicht auch, Annita, und wenn man nicht immer alles selber thut.« – Er strich sich süß lächelnd die sprossenden Koteletten.

6

Annita starrte ihn an. August sieht eigentlich doch mal dumm aus, dachte sie, wenn er nicht so furchtbar gut und nett wäre – –

Max, der sich augenblicklich in der Einjährigenpresse befand, zog mit langem Gesicht die Uhr:»Je, Kinder, ich muß weg, gib mir wenigstens en Happen Kuchen, Mama Ich schenk' Dir heut Mittag was, wolln erst mal sehn, was Du all kreigst, immer praktisch, nich?«

Cäsar, der vierzehnjährige, lehnte mit blassem Gesicht an der Thür. Er war gestern krank aus der Schule gekommen; die zwei Eier, die er seiner Blutarmuth wegen morgens vor dem Weggehen von der Mama eingestopft bekam, hatten ihm Krämpfe verursacht.

»Darf ich wirklich keine Chokolade trinken?« wimmerte er mit hängendem Munde. Annita und Adelheid baten für ihn. Aber schon nach dem ersten Schlucke ward er grün im Gesicht und stürzte mit dem Taschentuch vor dem Munde zur Thür hinaus.

»Laß man, Mama, ich kann ja seine Tasse mit austrinken«, sagte gemächlich der kleine Ferdinand, die Arme wie zwei Flügel schützend über die Tassen gebreitet.

»Die Schneelandschaft is von mir«, sagte er zwischen dem Schlucken und Kauen, »das Papier heißt Pelinpapier und ist ausgekratzt«.

Adelheid freute sich über alles, aber das Schönste blieb doch das Ballkleid, von Mama. Rosa Krepp, – man konnte Stunden damit hinbringen, sich vorzustellen, wie es gemacht werden sollte. Man war ganz geblendet, wenn man es in Wolken auseinanderschüttelte und lange darauf blickte.

»Und es is nich mal so unpraktisch wie es aussieht«, sagte Frau Severin, »denn es kann immer chemikalisch gereinigt werden, und daß Du auch was Deftiges (Dauerhaftes) hast, – kuck der

Flanellrock, der steht von selber, das is prima Waare, – ich bin aber auch schön rumgelaufen, bis ich den zu Dank gekriegt hab'.«

»Du bist süß«, sagte Adelheid und küßte ihre Mama auf das Doppelkinn, »Gott, Cäsar, Jung, iß doch nu keinen Puffer, Du wirst ja wieder elend, und wir wollen heute doch recht lustig sein.«

Es klingelte an der Hausthür. »Der Briefträger« Paul stürzte hinaus.

»Hurra 'n Paket, was krieg' ich, Adelheid, was krieg' ich?«

»Von wem is es denn? laß mich doch mal« – Frau Severin streckte neugierig die Hand aus. Es war Adelheids Adresse, der Absender nicht genannt. Als die Hülle fiel, sah man, daß ein Buch darin war, ein Buch, das in einer Papphülse steckte. Ein hochrother goldgepreßter Calicoeinband kam zum Vorschein.

»O Gott, ›Blüthen und Perlen‹ seufzte Adelheid verklärt.

Ein zartes Roth färbte ihr helles Gesicht, denn auf dem Mönchsblatt vorn stand:

»Gewidmet von Deinem Dich liebenden Cousin Adolf Scherer.«

»Kuck den alten guten Jung« machte Frau Severin voller Rührung.

»Nee, Du, Annita, das find ich niedlich, alles was recht is«

Annita war noch röther und verwirrter, als ihre Freundin. Ihr war das noch eigentlich passiert mir dem Adolf Scherer, nicht ihrer Freundin, warum brauchte denn Adelheid so entzückt zu thun? Freilich war es ja hier im Hause gewesen, vorigen Sommer, an dem heißen Augustabend; sie hatten ja auch beinah geglaubt, Adolf habe einen Sonnenstich gekriegt. Sich so merkwürdig zu betragen Annita war damals tagelang ganz aufgeregt gewesen, so unverständlich war

8

ihr die ganze Geschichte. Na ja, ein bißchen sonderbar war Adolf wohl immer, vielleicht weil er »drüben« geboren war, in Venezuela, und erst als zehnjähriger Junge herübergekommen war und deutsch gelernt hatte. Nicht, daß man es ihm angesehen hätte. Er war klein und breitschultrig, hatte dunkelblondes Haar und etwas verschlafene Auge, die aber manchmal ganz lebendig werden und sogar funkeln konnten. An jenem Augustabend hatten sie fortwährend gefunkelt. Annita konnte ihr Gesicht drehn, wie sie wollte, immer sah sie in Adolfs aufgerissene Augen, die ihr folgten. »Wie hübsch Dein Kleid ist« hatte er plötzlich gesagt und war ihr mit seiner Hand über den schmalen Gartentisch hinüber nach dem Halse gefahren. Hatte sich Annita erschrocken Und Adelheid nicht minder, die neben ihr saß.

»Igitt, Adolf, was fällt Dir denn ein, da ist ja gar kein Kleid mehr« hatte Adelheid gerufen, und das war gewißlich war, denn das bläuliche Sommermousseline hatte ja einen herzförmigen Auschnitt, aus dem Annitas rundes braunes Hälschen wie ein dunkler Blumenstengel hervorwuchs.

Frau Severin war gerade an der Laube vorübergekommen und hatte Annita herausgewinkt.

»Komm, Kind, ich hab' en ganze gute Spitze oben, Du bist wirklich schon en büschen zu groß, und das Kleid is gräßlich nackend, – nee, ärger' Dich man nich, das is was Furchtbares mit den Jungens, sie sehn so was gleich und halten sich darüber auf. Hott, wenn sie das noch sagen, is immer noch besser, als daß sie sich im stillen mokieren. Der Adolf is je das reinste Gör, bloß'n büschen tapfig.«

Aber Annita hatte wenig auf das Zureden der guten Frau geachtet und zornige Thränen vergossen; warum, wußte sie selbst nicht recht, – ja doch, – sie besann sich – hauptsächlich, daß er so klein und dick war, ärgerte sie schrecklich.

9

Und als sie vor dem Spiegel den weißen pastorenhaften Kragen sah, den Mama Severin ihr umgebunden hatte und der sie ganz mulattenhaft schwarz aussehen machte, fühlte sie sich tief unglücklich und als ein Opfer des Schicksals und wollte nicht wieder in die Laube zurückkehren, sondern sofort nach Hause gehn.

Aber nun fing auch Frau Severin an, sich die Augen zu wischen: »Man ist mit dem Mädchen wie eine Mutter, weil es einen jammert; man thut ihm alles zu willen; es ist hier im Hause aufgenommen wie eine Tochter, aber ist es auch nur ein kleines Spierchen dankbar dafür? Ob Adelheid nachher traurig ist, und der arme Jung der Adolf muß doch wunder denken, wie er sie beleidigt hat, und man mag anfangen, was man will, immer muß Zank unter den Kindern sein; könnten Gott danken, daß sie hier in dem schönen Garten sitzen dürfen, und en ganze Schüssel voll Bickbeeren mit Milch sollten sie abends kommen; man denkt immer, was ihnen schmeckt, und zerreißt sich, daß sie alle ihr Recht kriegen.«

Annita umfaßte die Bekümmerte mit beiden Armen, küßte sie leidenschaftlich und bat um Verzeihung; fünf Minuten später betraten sie Arm in Arm den Garten; Frau Severin lächelnd, denn das kleine heftige Mädchen war ihr wirklich so lieb, daß sie es gern behalten hätte, – Annita mit schamvoll gesenktem Kopf, der sich erst wieder erhob, als Adelheid ihnen entgegenrief, Adolf sei weggelaufen.

Lange freilich blieb er nicht aus, und sein Gesicht war geröthet, als er wieder kam. »Hast Du Wein getrunken?« sagte Frau Severin mit mütterlichem Unwillen. »Nein« Adolf runzelte die Stirn, Annita mochte ihn gar nicht ansehen.

»Wovon siehst Du denn so roth aus?«

»Ach, ich bin gelaufen«, murrte Adolf.

10

»Gelaufen? Wohin?«

»Ach, so 'n büschen aufs Heiligengeistfeld, laß mich doch in Ruh, Tante.«

»Was hast Du denn auf'm Heiligengeistfeld zu thun gehabt?« sagte Adelheid neugierig.

»Ich hab' mich – ausgebrüllt, – was geht Euch das an?«

»Igitt, Adolf, sei doch nich so eklig mit uns« schmeichelte Adelheid, »wir meinen es ja doch nur gut mit Dir Was hast Du denn da zu brüllen?«

»Ach, ich muß manchmal 'n büschen schreien, weiß nich, muß ich« Adolf zuckte die Achseln und sah verdrießlich aus.

Frau Severin betrachtete ihn besorgt.

»Adolf, mein guten Jung, ich hab' schöne kalte Buttermilch, soll ich Dir mal 'n Glas voll 'raus holen?«

Der Bursch schüttelte ihre rundliche Hand von seiner Schulter: »Warum kuckst Du denn so, Tante? ich bin doch kein Wunderthier? Ich laß Euch ja auch in Ruh.«

»Nein Gott, Kind, Du bist doch nich mal ohne Hut in der Sonne gegangen? Wollen wir nich 'n Brausepulver machen? Adelheid, oben auf'n« –

»Tante, wenn Du mich lieb hast, quäl mich nicht mehr«

Annita erinnerte sich deutlich bittend hervorgestoßenen Worte, die ein besonderes Echo in ihr weckten, obgleich auch sie den sonst so

11

ruhigen Jungen heute beinah unheimlich fand. Sie hatte plötzlich gesagt:

»Laßt und doch ein bißchen Reisen spielen, eh es ganz dunkel wird, Adolf spielt gewiß mit, nich?«

Beim Reisenspiel war dann alles wieder ruhig geworden; auch Max und August, die ältesten, waren noch darüber zugekommen, und es war Annita leicht geworden, dem ganz verwirrten und verstummten Adolf auszuweichen. Aber dann, nach dem späten Abendbrot, – Papa Severin war verreist und die Mäuse hatten frei tanzen, – war es schrecklich mit ihm geworden. Der kleine Ferdinand und der blasse Cäsar waren längst zu Bette; Paul schwitzte in der Bodenkammer hinter einem lateinischen Aufsatz; August las an einer Tischecke in seiner »Quintessenz des kaufmännischen Rechnens«, Max ließ sich von seiner Mama, die schlaftrunken über ihrem Stricktrumpf nickte, Geschichtszahlen abfragen, Adelheid und Annita besahen die neu gekommene »Gartenlaube«, daneben aber von Zeit zu Zeit den sonderbaren Vetter, der in einer dunklen Ecke saß, die Mädchen anstarrte und sich zuweilen auf dem Stuhl hin- und herwarf, daß er krachte.

Da schlug es halb elf.

In Frau Severins müdes Gesicht kam plötzlich Leben. »Herrjes, Kinder, zu Bett zu Bett Gott, Adolf, Du bist je auch noch da« – und sie äugelte in die dunkle Ecke hinein.

»Ich – ich wart' bloß auf Annita, – ich bring' Annita nach Haus«, hatte er gemurmelt, –

deutlich entsann sich das Mädchen des Schreckens und Widerwillens, den diese Worte ihr verursacht hatten und der freudigen Hast, mit der sie gerufen:

12

»Ich bleib' ja hier bei Adelheid«

»Jawoll«, hatte Frau Severin ihr beigestimmt, »Annita bleibt hier, das wär' je viel zu spät für ein junges Mädchen, und sie wohnt je überhaupt in St. Georg, das is je 'n ganze andre Ecke.«

Da hatte Adolf so merkwürdig gestöhnt, es war Annita durch Mark und Bein gegangen; sie hatte sich schnell an Adelheid angeklammert. Völlig wie ein Unsinniger war doch Adolf zu Frau Severin hingestürzt:

»Tante Tante komm heraus, ich muß Dir was sagen«

»Allmächtiger, was is denn passirt? kannst es mir denn nich hier drinnen sagen?« Aber schon hatte der ungestüme Mensch die zitternde Frau hinausgezogen, und nun standen sie auf dem Vorplatz, und drinnen hinter der Thürspalte August mit der »Quintessenz« in der Hand, die wasserblauen Augen kugelrund, die Coteletts gesträubt, Max grinsend und roth vor unterdrücktem Lachen, die beiden Mädchen hinter ihnen, mit Herzklopfen und verschlungenen Armen. Gräßlich, dieser Adolf was er gesagt hatte: »Tante Tante ich liebe Annita« Die Severins wollten losplatzen und stopften sich Taschentücher vor den Mund. Annita hatte sich dunkelroth von Adelheid losgerissen und in die Ecke geflüchtet. Sowie August seine runden Augen auf sie wandte, versteckte sie ihr Gesicht. Aber sie hatte doch alles gehört: Frau Severin's Beschwichtigungen:

»Ja, mein Jung', Du mußt Dich abkühlen, komm, ich geb' Dir 'n Brausenpulver Was sollst Du Annita nicht leiden mögen? Wir mögen sie ja Alle gern leiden. En gute kleine Deern je gewiß Da brauchst Dich doch nich so um anzustellen? Erst trinkst Du 'n Brausepulver, und dann gehst Du schön zu Hause.« – –

Aber da hatte der Adolf zu heulen und zu schreien angefangen, ganz wie ein Unsinniger und doch wieder wie ein kleiner Junge: »Ich kann nicht nach Hause geh'n, ich muß hier bleiben, ich liebe Annita, ich muß es ihr sagen, Tante, laß mich rein«

Es war der aufregendste Augenblick in Annitas Leben gewesen. Sinnlos vor Angst war sie auf die Fensterbank gesprungen, aber Adelheid hatte sie wieder heruntergezogen, und Frau Severin hätte ihn auch nicht hereingelassen; die Thür hatte so eine kleine Erschütterung gezeigt, als die Mama mit ihrem breiten Rücken sich davor gestellt, und dann nach August und Max gerufen. Die waren über den Balkon hinaus und auf den Vorplatz gestürzt, das Schreien und Rufen war noch eine Weile fortgegangen, jedesmal, wenn der verrückte Junge ihren Namen geheult, war sie zusammengezuckt und hatte sich die Finger tiefer in die Ohren gesteckt.

Endlich war es ruhiger geworden, und dann hatten sie Frau Severin wieder gehört:

»So, Kinder, geht mit Gott, fallt auch nich; Adolf mein Jung, trink noch 'n paar Gläser Zuckerwasser, eh' Du zu Bett gehst, und morgen bist Du wieder kreuzfidel. Aber weißt Du, mein Jung, herkommen, das geht nu nich mehr, ich weiß gar nich, wo mir der Kopf steht, nee, kannst je die Jungens abholen, wenn ihr mal zusammen spazieren geh'n wollt, aber mit den Mädchen rumsitzen, nee, das is besser nich, – adjüs Adolf,« – ein kräftiger Kuß erscholl, – »ich bin man froh, daß Papa das nich gehört hat Wenigstens fürs Erste, Adolf; nachher kannst je herzlich gern wiederkommen, – o Gott, mir bebern noch die Beine, so hab' ich mich lange nich erschrocken.«

Als die Mutter dann zu den Mädchen hereingekommen war, hatte sie kaum ein Wort über die Geschichte gesprochen; sie hatte nur gesagt, Adolf sei nicht ganz wohl, August und Max brächten ihn nach Hause, – »er hatte furchtbares Kopfweh, ich hab' ihm

Brausepulver gegeben. So 'n großer Jung Siebzehn Jahr all Nee, so sind meine Kinder Gottlob nich. Und der Adolf ist doch aus so 'ne anständige Familie«

Annita hatte fortwährend auf der Zunge gehabt:»Ja, was hat er denn eigentlich von mir wollen?« aber jedesmal, wenn sie sprechen wollte, fing ihr Herz so stark zu klopfen an, daß sie es aufgeben mußte. Auch der dann folgenden Nacht erinnerte sich Annita sehr genau und zwar mit einem Gefühl der Angst, die mit Neugier gemischt war. Was hatte sie Alles gedacht, während Adelheid neben ihr ruhig mit halboffenem Munde schnarchte, unempfindlich gegen die blauen Blitze, die wie scharfe Schwertspitzen in die Dunkelheit der Kammer hereinstießen, lautlos und unheimlich in der heißen schwarzen Nacht. August und Max waren bald heimgekommen; sie hatte ihr Flüstern und ihre Fußtritte auf dem Gartengrund gehört, das Drehen des Hausschlüssels, das knackend und grell durch den stillen Flur scholl, das Ausziehen der Stiefel unten vor der Treppe, ihr leises Heraufschleichen über die knarrenden Stufen. Und dann das Öffnen von Mama Severins Thür, ihr unterdrückter Ruf:»Kinder, seid Ihr da?«; das Lachen und Schwatzen der beiden Großen, und Mamas Kichern, – ziemlich lange hatte das gedauert. Was die nur zu lachen hatten? Worüber sie wohl sprachen? Natürlich über diesen verrückten Adolf. Und von ihr auch? Ach nein, hoffentlich nicht. Wie gÃªnant und abscheulich, daß er gerade ihretwegen sich so gehabt und angestellt hatte Ja, Adelheid hatte gut schlafen, was ging es die an In die hatte sich dieser Mensch nicht verliebt Wie grausig Annita fühlte eine Gänsehaut auf ihren Armen trotz der Hitze, die inwendig in ihr brannte und ihre Lippen ausdörrte. Also das war die berühmte Liebe, von der in allen Gedichten und Geschichten die Rede ist? aus der die Leute so entsetzlich viel machen, als wäre sie der Anfang und das Ende des Lebens.»Lieben und geliebt zu werden ist das höchste Glück auf Erden.« Aber das ist doch einfach unmöglich Ein Mensch wird ganz toll und blind verändert, und dann nennt man das verliebt und macht Gedichte darüber? Herrgott, was für eine unverständliche

15

greuliche Geschichte Gesetzt den Fall, – Mama Severin hätte Adolf ins Zimmer gelassen – was dann? Annita hatte gezittert und sich die Augen zugehalten, nein, der Gedanke war zu schrecklich, den konnte sie nicht weiter denken. Nehmen wir mal an, daß Adelheid nicht da gewesen wäre, und daß er zu Mama Severin gesagt hätte: »Liebe Tante, laß mich mit Annita allein,« dann wäre er natürlich gleich gekommen und hätte sich mit ihr verlobt. Wie grauenhaft das wohl erst gewesen wäre Dies entstellte Gesicht, diese funkelnden Augen ganz in der Nähe zu sehen – hilf Himmel Und man spricht ja auch sogar von Verlobungsküssen. Da nützt nichts, als den Kopf unter das Leintuch stecken, um diese ekelhaften Vorstellungen loszuwerden. Aber es half nicht, es kam ihr sogar in den Sinn, daß eine junge Frau, die manchmal Annita's Tante besuchte, von einem Brautpaar erzählt hatte, das man nur das verschlungene Monogramm nannte, weil es stets so umherging, und daß man ihnen in Gesellschaft nur einen einzigen Stuhl hingestellt hatte Annita dachte an Frau Severin mit gefalteten Händen. Sie war ihre Beschützerin, ihre Retterin, sie hatte ihrem eigenen Neffen das Haus verboten, damit das fremde Mädchen ruhig darin bleiben konnte. Am andern Morgen hatte Annita gebeten: »Darf ich Mama und Du zu Dir sagen?« Und Frau Severin hatte sie geküßt und geantwortet: »Ja, mein' gute kleine Deern, mit tausend Freuden.«

An alles das mußte Annita denken und sich wundern, daß ein halbes Jahr so viel ausmachen konnte. Ihr eigener Zorn gegen Adolf war zwar auch verraucht, aber eine geheime Abneigung war um so stärker geworden, und Mama Severins Rührung über das Geschenk und den Schenker kam ihr ganz merkwürdig vor. Adolf war seit jenem Abend nicht mehr im Hause gewesen, aber er hatte sich ja auf ausdrücklichen Wunsch der Mutter ferngehalten.

»'hott, Annita, mach doch nicht so 'n benautes Gesicht,« sagte Mama Severin mit einem kleinen freundschaftlichen Stoß, »der dumme Görenkram is je lang' vergessen Nee, wirklich, ich find', wir laden den alten guten Jung noch flink ein, nich, Adelheid? Geh man vor, mein Paul, sag, wir wollten 'n büschen tanzen. Nee, Du, wenn ich nu denk, daß er da ganz trocken und alleine zu Haus sitz, nee, das mag ich denn auch nich, es is doch immer Euer Cousin, und sein Vormund is auch man streng mir ihm; der hat mich viel von seiner Jugend, der arme Adolf, ach Kinder, nein, Geld macht nicht immer glücklich« Frau Severin faltete ihre dicken Hände und blickte gen Himmel. Adelheid umfaßte sie von rückwärts:»Ich freu' mich so, nu hab ich doch auch 'n Buch gekriegt.«»Und wo Du es am wenigsten erwarten konntst, Kind Aber Annita muß auch lustig sein. – Kinder, Kinder, die schönsten Jahre sind das ja, – wenn nu man bloß Papa nich brummt, daß wir 'n paar Leute eingeladen haben.«

Der Tag verging so schnell und so munter. Im Wohnzimmer duftete es nach Hyazinthen und Veilchen, im Speisesaal nach Puffer und Pumpernickel; vor den Fenstern draußen guckte hellgrünes Gras aus einer leichten Schneedecke; kaum war die Sonne roth gesunken, so kam der blanke Mondkahn am blaßblauen Himmel daher gesegelt. Am schönsten sah man das von Adelheids Zimmerchen im dritten Stock. Die Mädchen hatten sich nach dem Kaffee dort hinauf gezogen; sie mußten sich doch umkleiden. Annita war gar nicht vom Fenster wegzubringen:»Diese Stunde vorher ist fast noch schöner als der Abend selbst, findest Du nicht auch? Mein Kopf ist ganz wirbelig, und doch freu' ich mich auf nichts Besonderes, – und sieh mal, dieser hübsche blasse Schnee, und da hinten ganz fern und undeutlich die kleinen Häuser mit den rothen Lichtern, das gehört alles auch dazu.«

»Ja, Annita, es ist sehr nett, wirklich, der Schnee und so das Ganze, und ich finde es so reizend von Mama, daß sie uns hier hat Feuer machen lassen, – kalte Stuben zum Anziehen sind so scheußlich.« Sie zog fröstelnd die Schultern zusammen. »Aber, ich fürchte, wir werden heut nicht fertig. Die Schleifen sind noch nicht zusammengenäht, und der Epheu ist auch nicht abgewaschen, und immer ist mir, als hörte ich schon klingeln. Und so wie Du kann ich mich überhaupt nie freuen, und sag' selbst, was soll ich mit meiner alten Nase hier thun, die so roth ist, grade heute?«

»Ach, das ist nur die Aufregung nein, Adelheid, es ist zu mollig In allen Zimmern hell und warm, und alle so beschäftigt, sich hübsch zu machen, und so gespannt, und unten schon die Kuchen auf den Tellern, und die Stühle stehen so einladend herum, und Max, der noch rasch mal den Puppenseewalzer spielt, ob er ihn nachher kann – ich mag es gern«

»Ob wohl der Epheu nicht zu dunkel ist mein Haar, und ob Otto Lenz wohl kommt?«

»Wieso Otto Lenz?«

»Weil er mein – au, – weil er mein Ideal ist; wer ist Deins, Ita?«

»Ich habe jetzt grade keins.«

»O Ita wie kann man ohne Ideal leben Ich muß immer zwei haben, ein schwarzes und ein rothes, blonde mag ich nicht, weil ich selbst so blond bin.«

Annita gab der Freundin einen Klaps mit der Bürste auf den Kopf. »Und die hat geschworen, nicht zu heirathen na, wenn ich das im Leseklub erzählen könnte«

»Ach, Mama würde es ja doch nicht erlauben, und so fest wie Du hab' ich ja auch nicht geschworen«

»Ihr habt gut lachen«, keuchte Frau Severin, die mit einem Körbchen voll Epheuzweigen und mit Annitas weißem Kleid überm Arm eintrat (das Kleid blieb immer gleich hier und ward von Frau Severin oft eigenhändig ausgeplättet). »Ihr habt nichts davon als das Vergnügen Werdet nur erst so alt wie ich, dann sollt Ihr sehen, was es heißt, seinen heranwachsenden Kindern ein angenehmes Heim zu bereiten, besonders den Jungens, damit sie einem nicht aushäusig werden. Eben ist ein Lampenglas gesprungen, und wie sollen wir nun die Gaskrone anstecken? Und der Heringssalat ist lange nicht so roth wie voriges Mal – ich weiß auch nicht, woran es liegt, und Papa hat Ohrenreißen und sitzt mit Salicylwatte in der Schlafstube und macht 'n Gesicht wie: laß doch alles absagen Was wißt Ihr von solchen Sorgen Aber laß man, Ita, mein Kind, laß man Adelheid, sie werden den Heringssalat wohl auch so aufkriegen, und wegen der Gaskrone, – Paul hat seine Lackstiefel wieder ausgezogen, der alte süße Jung' holt uns 'n neues Lampenglas, und für Papa hab' ich eben en ganz heißen starken Grog gemacht, der wird ihm wohl gut thun. Aber nu kann ich auch nich mehr Seid man vergnügt, Kinder, so lange Ihr jung seid, nachher is es doch man das Halbe. Und hak' mir mal das Kleid zu, Annita, wenn Du so gut sein willst, – nach'm Mittagessen bin ich immer 'n paar Zoll weiter in der Taille, als meine Kleider.«

Annita reckte ihre kleine Figur so hoch sie konnte und küßte die freundliche Frau auf die heißen Backen.

»Ich hab' Deine Mama schrecklich lieb, Adelheid«, rief sie begeistert, als die Thür sich hinter ihr geschlossen, »sie opfert sich ganz für ihre Kinder«

Noch einmal guckte Mamas Kopf mit dem reichen, glatt frisirten blonden Haar herein: »Und seid 'n bißchen nett, wenn Adolf kommt, hörst Du, Annita, Du auch Ihr thut gar nicht, als wenn was gewesen wäre Schließlich – du lieber Gott – wir haben ja alle unsere Fehler. Ihr seid hoffentlich bald fertig, daß doch jemand da ist, der die Gäste empfangen kann?«

»Wenn ich an Adolf denke, wird mir doch 'n bißchen ängstlich«, seufzte Annita, als die Mädchen allein waren, »wenn er nur nicht in dem halben Jahr noch mehr verwildert ist.«

Aber Adelheid nahm es fast übel: »Mein Cousin hat doch nicht unter Hottentotten gelebt; stell Dich nicht so an, Ita, – nein, weißt Du, grade »Blüthen und Perlen« – all meine Bekannten haben es – das ist ein sehr netter Zug von Adolf. Du magst es glauben oder nicht, aber er ist im Grunde sehr poetisch, – ich hab' ihn eigentlich immer gern leiden mögen.«

Annita blickte die Freundin überrascht an: Adelheid hatte sich selten so für jemand erwärmt, – es war gut, daß unten ein Klingeln und Füßescharren entstand, sie wären sonst gar nicht aus dem Gespräch herausgekommen, ja es wäre vielleicht sogar eine deutliche Meinungsverschiedenheit ungewohnt und betrübend zu Tage getreten. Es war auch hohe Zeit, daß sie ins Gesellschaftszimmer kamen, denn dort unten saßen schon die beiden Küpers, Bertha und Auguste, mit dem bekümmerten Ausdruck von Menschen, die zu enge Stiefel anhaben, nahe beim Ofen, der eine entsetzliche Hitze ausspie und unter den ironischen Augen der alten Tante Sophie, die immer als erste an den Geburtstagsfeiern erschien, um die Honneurs zu machen.

»Na, das ist recht«, rief sie mit ihrer spitzen Stimme den Eintretenden entgegen, »ich gebe mir hier alle Mühe, aber die jungen Fräulein sind so still; eben hab' ich schon gefragt, ob wir nicht ›zwei Gänschen im Haferstroh‹ spielen wollen« Und dazu zitterte der Schnurrbart der alten Dame ordentlich vor Schadenfreude.

Annita reichte Thee und Kuchen, während Adelheid den Schwammbeutel und die Taschentuchpresse, welche Küpers auf den Opferstock niedergelegt, mit verklärten Blicken betrachtete. Tante Sophie verlangte zu wissen, von welchem Konditor die kleinen Theeplätten seien, und wurde darüber ganz liebenswürdig. Als ein männlicher Schritt draußen hörbar ward, erschrak Annita so, daß sie einen tiefen Seufzer ausstieß:

20

»O Gott, jetzt kommt Adolf«. Aber nein, es war Onkel Sally, der Geburtstagsonkel unzähliger junger Frauen und Mädchen, ein mumienhaftes hageres Männchen mit gefärbtem Bart und einer reichen schwarzen Perrücke, unter der die eingesunkenen Äuglein und die scharfe Hakennase gespenstisch bleich aussahen. Seine breite Unterlippe troff von süßen Reden und blühenden Wunschformeln, und all das richtete er zuerst an Annita, die er für das Geburtstagskind hielt, denn er war mit Severins ebensowenig verwandt, wie mit den übrigen Nichten seiner Wahl. Das junge Mädchen, das beständig an das gefürchtete Wiedersehen dachte, ließ alle Händedrücke über sich ergehen und zog sich erst zurück, als Onkel Sally sie väterlich auf die Stirn küssen wollte. Da schrie sie:»Adelheid Adelheid komm doch her«, und verschanzte sich hinter den zwei Jungen, Max und Paul, die eben händereibend und mit knarrenden neuen Stiefeln hereinkamen.»Ist Adolf schon da?« fragte sie mit stockender Stimme und erröthendem Gesicht.»Nein, Dein Adolf ist noch nicht da«, erwiderte Max laut und frech, und dann lachten die beiden Schlingel, bis sich alle verwundert nach ihnen umsahen. Oha, diese schreckliche Geschichte Adelheid mochte die Honneurs machen, Annita fühlte sich zu beklommen hier; sie lief hinaus und suchte Mama Severin auf, die in der Kellerküche mit dem Apfelsinensalat beschäftigt war; Cäsar saß dünn und blaß in einem Küchenstuhl und trank ein bißchen Cognac zur Stärkung, Ferdinand hatte eine Schürze um und durfte Zucker reiben, während das Dienstmädchen oben war und servierte.»Nein, nein, Du brauchst mir nicht zu helfen«, rief die Mama, als sie Annita erblickte,»thu mir doch den Gefallen, Kind, bleib oben und biete etwas an, – ich bin 'n bißchen im Rückstand, weil ich doch für Papa sorgen mußte.« Annita umfaßte die Geschäftige von hinten, um ihren Kopf an ihre Schulter zu legen. Mit einem ärgerlichen Schrei trat Frau Severin zurück.»Herrjes, Kind, Du machst mir je mein Kleid fettig, so 'n helles graues Seidenzeug ist empfindlich, – was is Dir denn? warum is Dir denn miteins die Petersilie verhagelt? Geh doch rauf geh, laß Deine Adelheid nich so im Stich« Annita stotterte, sie habe nur sehen

21

wollen – – dann schlich sie die Treppe wieder hinauf; – drinnen wurde lebhaft gesprochen. Ich will mal sehen, was Herr Severin macht, dachte sie plötzlich. »Na, was willst Du denn?« brummte ihr eine mürrische Stimme entgegen, als sie die Thür des kleinen Wohnzimmers im zweiten Stock leise öffnete.

Papa saß dort in seinem großen grauen Schlafrock mit den grünen Aufschlägen, sehr roth im Gesicht, aber ganz breit und behaglich auf dem Sopha, vor sich die »Hamburger Nachrichten« und ein dampfendes Glas Grog. Die ganze Stube roch danach, und im Ofen zischten bratende Äpfel.

»Geht es Ihnen besser?« sagte Annita schüchtern.

»Mach wenigstens die Thür zu willst Du raus oder rein?« Papa Severin rückte gleichzeitig auf seinem Sopha, als wolle er ihr Platz machen. »Na, is der Schwindel unten schon im Gange?« fragte er leutselig.

»Sie sitzen hier so gemüthlich Es sieht aus, wie in den Märchen, – in der Behausung des Winters oder so« – sagte das Mädchen und setzte sich auf eine Stuhlkante.

Papa blickte sie unsicher und dann sehr kritisch an. Immer freundlicher wurde sein Ausdruck. »Willst Du 'n Schluck Grog haben?« sagte er und schob sein Glas über den Tisch; es geschah so plötzlich, daß Annita von dem Stuhl auffuhr.

»Nein, danke« stammelte sie, sich nach der Thür zurückziehend, »jetzt muß ich wohl hinunter.« Sie besann sich, daß es doch unhöflich sei, nichts weiter zu sagen. »Kommen Sie doch auch recht bald nach«, fügte sie sehr gegen ihren Wunsch hinzu.

»Ich will mich wohl hüten« brummte er grimmig hinter ihr her, »mach ordentlich die Thür zu, und schick mir das Mädchen rauf, Mari, hörst Du?« Damit versank er wieder hinter der Zeitung.

Als Annita hinunterlief, fühlte sie eine Last auf ihrer Seele. Zwei Dinge standen fest: Papa Severin war ihr heute unheimlich vorgekommen, und es konnte noch ärger werden, wenn Mari wirklich hinaufging und ihm noch mehr Grog brachte. Sie beschloß, seinem Befehl nicht zu gehorchen, – wie schrecklich aber, wenn nun der arme Greis allein und verlassen oben saß und vergeblich wartete Wie unverschämt von ihr, Papas Gouvernante spielen zu wollen. Aber unverschämt oder nicht, sie steifte ihren Willen und bestellte Mari nicht. Es kommen vielleicht Fälle vor, wo man nicht thun muß, was die Männer wollen, ganz gleich, ob sie jung oder alt sind, dachte sie, ja, solche Fälle sind entschieden denkbar. Es ist zu ihrem eignen Besten, denn sie sehen manchmal aus, als wüßten sie selbst nicht, was sie thun. Nie zuvor hatte Papa ihr Grog angeboten, und so aus seinem Glase Ihr schauderte bei dem Gedanken an seinen rothgrauen Bart, den er nicht einmal ordentlich abgewischt hatte. Nein, er hatte ganz feucht geglänzt im Licht der Hängelampe. »Durch mich soll er keinen Tropfen mehr bekommen«, sagte sie entschlossen. Ganz gedankenvoll trat sie in den Saal; ach Himmel – dort inmitten aller Gäste standen Adolf und August; und nun that sich der Kreis auf, und Angela Rothermund, die zweitbeste Freundin Adelheids, kam mit herablassender Liebenswürdigkeit auf Annita zu. Angela war ihr antipathisch, sie hatte so Ausdrücke. »Nein, das ist zum Schießen, was uns Herr Severin eben erzählt hat, – ich kann es nicht so wiedergegen, Herr Severin macht das unnachahmlich, – das ist wirklich, um auf die Akazienbäume zu klettern.« Annita ergriff ihre nachlässig dargebotene Hand und drückte sie mit Inbrunst. Alles, was sie noch ein paar Augenblicke verhindern konnte, Adolf ins Gesicht zu sehen, war lieb und willkommen. Sie hatte sich in den vergangenen Monaten so ängstlich mit ihm beschäftigt, daß sein Rücken in dem feinen schwarzen Gesellschaftsanzug sie jetzt ernstlich ernüchterte

23

und enttäuschte. Es dünkte sie, daß er stattlicher, größer, fürchterlicher sein sollte. Es war aber ein ganz gewöhnlicher Rücken, viereckig, mit einem kurzen rothen Hals darüber. Auch der Hinterkopf hatte nichts Übernatürliches, grauenhaft Leidenschaftliches. Er war rund und mit kurzem dunkelblonden Haar bewachsen. Aber jetzt – hah jetzt wendete er sich um, jetzt erblickte sie sein Antlitz, das ihr so oft in bösen Träumen nah gewesen, jetzt trafen sie seine Augen, die sie an jenem Augustabend so in Angst versetzt hatten Aber nein, – wie sonderbar es war ja so gar nichts daran zu sehen eine dicke, etwas breite Nase, verschlafene Augen unter dichten, inmitten der Stirn zusammenstoßenden Brauen, ein stark entwickelter Schnurrbart und der Ansatz zum Backenbart auf den etwas knochig gewordenen Wangen, – ein eher komisches als erschreckendes Gesicht. Annita fühlte eine kühle spöttische Enttäuschung über ich hin wallen. Das war der Mühe werth gewesen Um den hatte man sich ängstlichen müssen; wirklich man ist doch zu dumm, so als junges Mädchen Furchtsamer als eine Maus, scheuer als ein Vogel. Wenn nur etwas rauscht, zittern schon alle Glieder, und das Herz klopft: »Flieh flieh flieh« Sie fühlte sich der Annita von vor einem halben Jahr weit überlegen, und mit einer plötzlich erwachten Keckheit sagte sie in neckendem, übermüthigem Ton: »Guten Abend, Adolf« – »Ach, guten Abend, Du« erwiderte nachlässig der Angeredete, darauf hielt er ihr zwei Finger hin; zugleich grabbelte er eine Schnur heraus und klemmte sich – nein, es war keine Täuschung, klemmte sich ein großes Monocle ins Auge.

»Bravo, bravo« rief Angela Rothermund, »sehr chic, wirklich, so können Sie bleiben« Annita hatte in der neu erwachten Verwunderung die zwei Finger genommen und geschüttelt. Sollte Adolf wirklich alles vergessen haben? Das wäre doch stark Er schien ihr nun doch sehr verändert, männlich überlegen blickte er durch das Augenglas um sich, – sein Gesicht war auch entschieden blasser und magerer; fraß ihm nicht doch vielleicht seine unglückliche Liebe am Herzen, wie jener Wurm, von dem Heine singt, und sein Gleichmuth war nur Verstellung? Wie konnte es anders sein Sie, die ihn nicht liebte, sollte die Geschichte nicht vergessen haben, während er, der unglücklich Liebende, sie vergessen hätte?

Nein, er verstellte sich, so gut wie er jetzt zwei Stücke Kuchen auf einmal nahm, als sie ihm das Körbchen präsentirte. Er blickte nicht auf, aber er nahm zwei Stücke.

»Trinkst Du Thee, Adolf?« flüsterte Annita sanft und gewissermaßen abbittend. Das Lächeln, mit dem er ablehnte, hatte etwas Melancholisches, ohne Frage. Ja, Liebe, vergebliche Liebe, das ist ein Unglück »Nimm auch hiervon, die Mandelspäne schmecken sehr gut«, murmelte Annita tröstend. Er nahm; stumm, brütend, kauend saß er da. Kann ich ihn auch nicht lieben, so kann ich doch nett mit ihm sein, sagte sich das Mädchen, und als die Stühle alle besetzt wurden, schob sie den ihren neben Adolfs. Aber er sprach immer, wenn er etwas sagte, nach der andern Seite, wo Angela saß. Sie war recht unangenehm, dieses jüngste Fräulein Rothermund. Man hieß die Rothermunds die zerstreute Familie, alles nach den sehr offenherzigen Berichten Angelas, die immer so herzuzählen liebte: »Papa hat ein paar Fremde hier und zeigt ihnen heute Hamburg bei Nacht, Mama ist in der Singprobe, Thekla verkauft im Wohlthätigkeitsbazar, Leo – der ist zu Hause, glaub' ich – – nee nee, erst abwarten und dann Thee trinken, der hat ja heute Skatabend, Malwine ist in »Fiesko«, brr aber wir haben geloost, wer hin muß, unsere Logennachbarn schimpfen so, wenn wir immer unsere Scheuerfrauen hinschicken, wenn Stücke von Schiller sind, – und die andern, na, die werden wohl auf'm Jungfernstieg rumlaufen, bis sie ins Wiener Café oder sonst wo reinfallen, bei Pfordte oder so – es ist immer so amüsant, wenn nachher dann alle ihre Abenteuer erzählen.«

»Aber da haben Sie ja kein – wie soll ich sagen – so kein richtiges Familienleben«, hüstelte Onkel Sally, der als Hagestolz immer nur an fremden Tischen gespeist hatte.

»Was weiß die Geiß von der Sonnenuhr«, zischelte Angela lachend den jungen Leuten zu, – dann wandte sie sich keck zu dem alten Herrn:»O, Familienleben, was man so gewöhnlich nennt, – danke schön für Obst und Südfrüchte, – aber hab' ich Ihnen nicht erzählt, daß wir uns jeden Morgen beim Frühstück treffen, und dann berichten und beichten?«

»Ein sehr munteres Fräulein, wirklich« sagte Onkel Sally und leckte sich die Unterlippe,»dürfte ich das Fräulein, – wie heißt das Fräulein, – ergebenst bitten, mir zu sagen, – wann Ihr Geburtstag, – an welchem Tage – ich habe hier nämlich mein Notizbüchelchen, – he he na wo is es denn?«

Angela schlug die Hände zusammen.

»Nein, sind Sie neckisch Wollen Sie mir wirklich etwas schenken?« und mit großen runden Augen kam sie auf die zitternde Mumie zu und stellte sich mit ihrer jungen üppigen blonden Schönheit vor ihm auf. Eine sehr robuste Schönheit, aber die Blicke aller männlichen Gäste hingen an ihr. Auch Adolfs, unzweifelhaft. Annita wurde es so eng, so heiß, sie hätte die Hand dazwischen halten mögen, zwischen Adolfs Augen und dies milchige rothumlockte Gesicht mit den blaßblauen Augäpfeln, die an etwas Kaltes und Unsympathisches und Gewöhnliches erinnerten. Woran? An Schellfische Ja, ja, an Schellfische.

Sie ging extra zu Mama Severin, da sie Adelheid nicht erreichen konnte und fragte sie in eindringlich aufgeregter Weise, ob sie nicht auch finde, daß Angela schreckliche Schellfischaugen habe. Mama Severin, die eben ihren August in eifriger Unterhaltung mit der Besprochenen gewahrte, schüttelte verweisend den Kopf. »Ach nee, Du, – en büschen verwöhnt, Gott na, solche reiche Leute Hunderttausend kriegt die wenigstens mal mit. Ach nee, ich mag die kleine Deern gern leiden Kuck, was August das mit ihr wichtig hat

Zum Todtlachen Ach hott, so junge Leute, nee, da geht doch nichts über« Mama wischte sich die Augen, sie waren ihr feucht geworden.

War es möglich, daß Adolf sich gar nicht um sie kümmerte? Weshalb hatte er dann wieder herzukommen gesucht? Er guckte sie nicht an, hatte noch kein Wort, keinen Blick an sie gerichtet. Sie hielt es nicht aus, so in der Ungewißheit über seine Gefühle. Langsam schänglete sie sich wieder in seine Nähe; er starrte eben Angela mit offenem Munde an, aber sie wollte es nicht sehen, sie schob sich dazwischen und sagte:»Warum bist Du so still, Adolf, wo alle so heiter sind?« Keine Antwort. Nach einer Weile erst betrachtete er sie, ganz überrascht.»Sagtest Du etwas zu mir?« fragte er stockend.»Ich meinte nur, daß Du so still bist?« flüsterte Annita. Ein verlegenes Lächeln zog über sein Gesicht.»Ich bin ein bißchen müde«, sagte er halblaut. Annitas Herz klopfte stark. Müde – das bedeutete hier gewiß etwas ganz anderes Und da sagte er auch schon:»Ich hab' die letzte Zeit nicht viel Schlaf gekriegt.« Und wieder dies verlegene melancholische Lächeln, das dem Mädchen so wohl that.»Nimm noch ein Stück Kuchen, diese habe ich gebacken«, sagte sie mit tiefer Rührung. Adolf gehorchte mechanisch; sie sah es wohl, er that alles, was sie wollte. Annita hatte sich nie so angenehm unglücklich gefühlt.

»Ich find' es bis jetzt mal thranig,« flüsterte ihr Adelheid ins Ohr, während sie vorüberstreifte;»nur Angela bringt en bißchen Leben, Ihr beiden sitzt da« – – das letzte sagte sie laut, und ihre Blicke waren piquirt.

Nun wurden Spiele gemacht. Mama Severin, die sich auf dem glatten Parkettboden dieses Zimmers nur immer hinter einem Stuhl bewegte, den sie wie einen Schlitten vor sich herschob, machte Einwendungen, aber sie wurde doch aus ihrer Ruheecke zur Betheiligung herangezogen.

27

Sie mußte sogar auf einen Stuhl steigen und das verschleierte Bild von Saïs vorstellen. Der blasse Cäsar rieth dann auf »das Gespenst aus dem Langengang« und wurde von den Mädchen verächtlich ausgelacht. Danach stellte man das rothe Meer dar, was ja mit einem wollenen Flanellteppich leicht zu erreichen war; der kleine Ferdinand mußte den Moses abgeben, natürlich ohne Jacke. Als aber Annita auf den verrückten Einfall kam, Moses habe auch keine Hosen angehabt, als ihn die Königstochter fand, wurde er sehr beleidigt, und seine Mama nicht weniger. So spielte er denn den Moses in Hosen, und es that ganz die gleichen Dienste.

Tante Sophie ärgerte sich nur über Adolf. Keinen Gruß, kein Wort hatte der »Automat« an sie gerichtet. »Das is 'n aasiger Junge« tuschelte sie jedem zu, der in ihrer Nähe kam. Und als er einmal schwerfällig aufstand und hinausging, athmete sie ordentlich erleichtert auf: »Du, der Automat hat 'n menschliches Rühren verspürt Na, ich bin nur froh, er sah so drucksig aus, als hätte er – –« »Aber Tante« kreischte Angela, und dann ging sie herum und erzählte vor Lachen erstickend einem nach dem andern, was die Tante Sophie gesagt hatte. Natürlich nur den Damen, aber die Herren standen dahinter und spitzten die Ohren und lachten so verständnißinnig, als wüßten sie ganz gut Bescheid. Ein allgemeines Grinsen empfing den Unglücklichen, als er wieder hereinkam. Jawohl den Unglücklichen Annita war ganz roth vor Aufregung und Empörung. Das war nur Angela Rothermund, die diesen unfeinen Ton hier hereingebracht hatte. Tante Sophie, nun, das wußte man schon längst, was für Witze die machte. Aber eine, die so etwas nicht einmal selbst erdenken kann, die es nur herumträgt – – brr Sie ging geradewegs auf Adolf zu und sagte: »Es soll jetzt getanzt werden, wenn Du mit mir willst, so bin ich gern bereit.« »Entschuldige«, erwiderte der junge Mensch, »ich möchte gern est mal mit dem andern Fräulein, – wie heißt sie eigentlich – ich habe sie schon engagiert.« Und er zeigte ganz gemüthlich mit dem kurzen Zeigefinger nach dem Knäuel hinüber, in dessen Mitte Angela stand. Annita wollte aufkochen, aber sie besann sich. Er wollte ihr seinen

Stolz, seine männliche Würde zeigen, – durfte sie es ihm verdenken? Nur, daß er gerade jene, die falsche Spötterin, ausgewählt hatte, that ihr weh. »Du kennst Angela nicht« sagte sie mit warnendem Ton. »Nein, seh' sie heute zum erstenmal in meinem ganzen Leben«, erwiderte er pathetisch. Dann, mit verlängerter Miene schwieg er, Angela tanzte ja schon und zwar mit dem ältesten Severin, den sie um einen halben Kopf überragte. »Nu is sie mir weggekapert«, sagte Adolf kopfschüttelnd. Annita stand beschämt und erröthend vor ihm.

»Vielleicht ich? Wenn Du doch so gern auch möchtest, Adolf?«

»Es kommt mir nicht darauf an, ich kann ja so wie so schlecht tanzen.«

Das war nun Tatsache. Adolf stieß mit den Knieen und trat auf die Füße, daß es ein Graus war, aber eben deshalb hatte sich ja Annita angeboten. Sie lechzte nach einem Opfer für ihn. »Was ist das Leben ohne Tanz Ein Stern ohne Glanz« deklamierte August Severin, der eben mit seiner Blonden vorüberhopf'te. So blank war seine Stirn, daß sich die Gasflammen darin spiegelten, und um den Mund zog beständig ein süßes Lächeln.

»Na, denn komm nur«, fragte Adolf und bot Annita den Arm. Der Platz war beschränkt, und es dauerte eine Weile, bis sie daran kamen. Aber ein Vergnügen war es auch dann nicht. Kaum eine Minute blieben sie im Takt, dabei drehten sie sich immer auf der gleichen Stelle. »Halt Dich doch fest an mir«, murmelte Adolf kläglich, »Du bist glatt wie 'n Aal; was soll denn das heißen? Du rutschst mir ja unterm Arm durch«

»Ach, verzeih mir, Adolf, ich konnte ja nicht anders, aber meine ewige schwesterliche Freundschaft« – zitternd schwieg das Mädchen, denn ganz verständnißlos blieb Adolfs Gesicht.

»Wie?« sagte er zerstreut, »na, jetzt kommen wir aber in die Klemme, wenn wir nicht frisch drauflos tanzen« – er nahm einen Anlauf, rutschte, und bauz lagen sie alle beide auf dem glatten Parkett. Annita löste sich ziemlich schnell aus der Krampfhaften Umschlingung, mit der Adolf beim Gleiten sich an sie geklammert hatte.

»Annita Annita Was bist Du für 'n schrecklicher Wildfang,« seufzte Mama Severin, die ihren Teller im Schrecken auf die Tasten gesetzt hatte, so daß nun auch der Walzer plötzlich abgeschnitten war. Ferdinand sammelte eine kleine zartgrüne Schleife auf, die sich von dem weißen Kleid gerissen hatte.

»Steh doch auf, Adolf herrjes, Jung, hast Du Dir weh gethan?« Mama Severin schlug die Hände zusammen. Tante Sophie hielt sich vergnügt die Lorgnette vor die Augen: »Der Automat ist unters Klavier gerutscht Onkel Sally, nein, sehen Sie mal nein, haben Sie je so was gesehen«

Wie er es gemacht hatte, wußte niemand, er am wenigsten, aber gewiß ist, daß seine Beine wie im Block steckten, und daß er mit einer Jammermiene versicherte, er könne sie nicht wieder herauszuziehen, sie säßen gänzlich fest. August und Max faßten ihn unter die Arme, um ihn hervorzuzerren, aber da schrei er, sie brächen ihm die Zehe ab. Das Klavier mußte weggerollt werden, dann erst war er frei. Aber er konnte doch nicht allein aufstehen, und das Ende vom Liede war, daß er sich den linken Fuß gründlich verstaucht oder verdorben hatte. Sie betteten ihn aufs Sopha und vertrösteten ihn auf morgen. »Dann schicken wir zum Doktor. Du kannst ja hierbleiben; Max und Ferdinand müssen zusammen schlafen. Sei nur nicht bange, mein Junge, das wird alles wieder besser.«

Frau Severin streichelte ihn und brachte ihm ein Glas Punch. Annita aber schlich betrübten Herzens von fern herum, – die betrachtete sich als die Urheberin von allem. Nicht der blankgewichste Boden, seine unglückliche Liebe hatte ihn zum Fallen gebracht. Vielleicht war es unrecht von ihr gewesen, mit ihm zu tanzen? Wahrscheinlich hatte ihn der Gedanke zu sehr aufgeregt, denn wie wunderlich war er gewesen. Und niemals hatte er abscheulicher getanzt. Ihr kleiner linker Zeh war wund von seinem Absatz. Ach, wie gern wollte sie es leiden, wenn es ihn getröstet hätte. Aber nichts dergleichen Unglückliche Liebe ist die furchtbarste aller Seelenqualen. Es graute ihr entsetzlich davor, und sie hatte eine Ahnung, als könne auch sie einmal drankommen.

»Kein Feuer, keine Kohle kann brennen so heiß.« Ach, warum war sie verurtheilt, schon in ihrer Jugend einen andern Menschen so leiden zu machen Es trieb sie zu seinem Sopha hin, an dem die andern, nach ein paar kurzen Worten, gleichgültig vorübertanzten.

»Thut es Dir sehr weh, Adolf?«

»O, wenn ich liege, geht es.«

»Ärgerst Du Dich sehr, daß Du jetzt nicht tanzen kannst?«

»Nee, das ist das wenigste, aber daß ich heut Nacht hier bleiben muß —« – er schüttelte den Kopf.

»Ach, die Gastfreundschaft Deiner Verwandten kannst Du doch gewiß gern annehmen.«

»Es ist mir unangenehm, und ich kann es eigentlich gar nicht,« sagte er mit einem sorgenvollen Zug um den Mund. Er war wirklich älter geworden.

»Ich will bei Dir bleiben und Dir Geschichten erzählen.«

31

Annita wunderte sich über ihre eigene Aufopferungskraft, denn sie tanzte für ihr Leben gern.

»Ach, das ist es nicht, – ich kann ja einfach schlafen.«

»Hier, bei dem Lärm, bei der Tanzmusik?«

»O, ich kann jetzt immer schlafen, ich hab ja so wenig davon gekriegt.«

Wie er gelitten haben muß, seufzte Annita in sich hinein. Sie betrachtete ihn mit gerührter Neugier.

»Warum guckst Du mich immer so an?« fuhr er plötzlich heraus.

»Ich? nein, gar nicht entschuldige, Adolf, wärest Du lieber allein? Ist Dir meine Gegenwart – ist Dir meine Gegenwart ein Dorn im Auge?«

Sie bereute ihre zarte Bemerkung, als sie sah, wie hastig Adolf nach dem Punsch griff und ihn hinuntergoß. Gewiß, um die Erinnerung fortzuspülen. Konnte er ihr denn niemals vergeben? Sie hatte eine unbestimmte Vorstellung, als ob sein Bein gleich wieder gut würde, wenn sie zu ihm sagte: Adolf ich liebe Dich auch. Und sie seufzte tief, daß es ihr nicht möglich war, diese einfachen Worte zu sprechen. Wie schade, daß sie dieses Experiment nicht versuchen konnte »Nimm Dein Bett und wandle« Wie erhaben, solche Macht zu besitzen Aber natürlich, nur für den Fall, daß sie Wahrheit sind, wirken solche Worte. Ach, wäre das herrlich gewesen, wenn sie ihn geliebt hätte

Der Abend verging wie ein recht geräuschvoller, eindrucksreicher Traum. Küpers wurden um elf Uhr von ihrem Mädchen geholt, aber Angela Rothermund schickte das ihrige wieder fort, – August Severin würde sie begleiten, sogar, seine Mama bat für ihn.

Vorher brachte der ungeheuer angeregte Älteste noch einen Toast auf die »Königin des Abends«, auf die »Krone der Gesellschaft« aus, die durch ihre leider so selten vergönnte Gegenwart den Geburtstag seiner Schwester zu einem ewigen Gedenktage seines Lebens machen würde. Frau Severin strahlte, drückte von Zeit zu Zeit ihr Tuch an die Augen und blinzelte zu Tante Sophie hinüber, die zu Augusts uralten Redensarten ironisch durch die Lorgnette lächelte.

»Wie heißt das bezaubernde Fräulein?« bemerkte Onkel Sally am Schluß der Rede, so laut, daß die Besprochene es deutlich hörte und ihm huldvoll ihren Namen rief: »Angela Rothermund. Soll ich es Ihnen aufschreiben, Onkelchen?« Onkelchen warf ihr eine Kußhand zu. Dann aber kam auch sein Dienstmädchen, vor der er sofort zusammenkroch wie ein kleiner Junge. Sie wickelte ihn in die Plaids und Shawls, die sie mitgebracht hatte, und nahm ihn fest unter den Arm. Lachend schauten die jungen Leute dem sonderbaren Paar durch den Garten nach. War es nicht unglaublich, daß man einmal so alt werden konnte?

Adelheid war verstimmt, als die Mädchen endlich ihr Schlafkämmerchen unterm Dach aufsuchten. »Den ganzen Abend hast Du Dich nicht um mich bekümmert, Du nicht und Adolf nicht. Als wenn ich Luft wäre. Und diese Angela hat mir wirklich ein ganzes Sträußchen Maiblumen mitgebracht Solche reichen Leute. Ich hab' mich so gewundert über Augusts Toast. Die Königin des Festes Und dabei war es mein Geburtstag. Mama säh' es natürlich gern, aber ich bedanke mich für solche reiche verzogne Schwägerin, – ich mag nicht auf den Knieen 'rumrutschen. Wenn noch Otto Lenz gekommen wär' Tante Sophie hat ganz recht, wie 'n Automat hat dieser Adolf dagesessen.«

»Ich glaube, er – er leidet sehr«, sagte Annita und blies das Nachtlicht aus.

»Ach, das bißchen Verstauchte ist doch morgen wieder gut« brummte Adelheid, die Nase unter der Decke.

»Nein, das meine ich nicht, ich meine seelisch, weißt Du.«

»Was Du Dir immer einbildest Wieso denn?«

»Er hat es, fürchte ich, noch immer nicht überwunden«, flüsterte Annita, »vom Sommer, weißt Du« – –

Adelheid wurde wach und aufmerksam. »Ach, glaubst Du? der arme Mensch, das wäre ja sehr – – dann könntest Du stolz sein, Ita.«

»Darum war ich so viel um ihn, – ich wollte ihm wenigstens meine Freundschaft beweisen«, stotterte Annita. »Ich freute mich deshalb sehr, daß er hinfiel – nein, Du mußt nicht falsch verstehen, – nicht, daß er hinfiel, aber daß er sich weh gethan hat« – –

»Wir wollen ihn zusammen pflegen«, sagte Adelheid gerührt, und die Freundinnen verstanden einander und küßten sich innig. »Er hat ja keine Eltern«

»Keine Schwester« fiel Annita ein.

»Niemand, der sich recht um ihn bekümmert.«

»Niemand auf der ganzen Welt.«

Sie seufzten und küßten sich wieder.

»Adelheid ich komme mir so schlecht vor«

»Nein, Ita, Du bist nicht schlecht, das weiß ich besser«

»Aber wenn er doch nun so unglücklich ist durch mich?«

»Gib Dir Mühe, vielleicht magst Du ihn zuletzt doch«

»Nein nein, nein, das ist nicht möglich.«

»Aber Du kannst doch nett mit ihm sein.«

»Ja, das muß ich, sonst – sonst bin ich zu traurig um ihn.«

»Die Hauptsache ist, er muß hier bleiben, bis sein Bein wieder gut ist.«

»Ach ja, Adelheid.«

»Wir bitten Mama, sie thut uns ja alles zu Gefallen.«

»Deine Mama ist ein Engel.«

»Wir wollen ihn recht pflegen«

»Ja, den ganzen Tag bei ihm sitzen.«

»Ihm was vorlesen, oder Dame und Sechsundsechzig mit ihm spielen, das mag er lieber.«

»Das wird schön, Adelheid Weißt Du, was ich möchte? Daß er seine Arme auch nicht rühren könnte.«

»Pfui, wie scheußlich von Dir«

»Ich meine ja nur, weil ich ihn dann füttern könnte. Adelheid, wie himmlisch muß es sein, barmherzige Schwester zu werden, nicht?«

Sie hörten es drei Uhr schlagen, ehe sie einschliefen. Die Folge davon war, daß sie am Morgen kalten Kaffee bekamen und von Mama gescholten wurden, die ihrerseits schon von Papa aufs heftigste angebrummt worden war. »Mich wundert, daß die Bande schon weg ist«, hatte er gesagt, »den Stuhl oben kannst Du zum Tischler schicken; es sind zwei Beine ab. Geholfen hat es nicht, als ich damit aufklopfte, aber die Beine sind wenigstens ab. Gott im hohen Himmel bewahr' einen vor Euren Geburtstagsfestivitäten, – Ihr seid nur froh, wenn Ihr das Geld durchbringen könnt.«

Adolf lag auf dem Sopha in der sogennanten Kinderstube. Die jüngeren machten dort ihre Schularbeiten.

Der Doktor kam und that ungeheuer ernsthaft.

Es wat möglich, daß eine Sehne gezerrt war, sie konnte sogar gerissen sein; ja vielleicht war die Sehnenscheide geplatzt; vielleicht aber war es gar nichts. Er empfahl abwarten und kaltes Wasser, daneben Diät und wollte morgen wiederkommen.

Adolf zeigte sich sehr unruhig.

Die zwei Mädchen hatten schon angefangen, ihn zu »pflegen« und besetzten einen Tisch mit allerlei delikaten Überreste von gestern. Der Patient verschlang drei Caviarbrötchen, zwei Stücke Gänsebrust, Pumpernickel mit Eidamer, soviel vorhanden war, wollte dann aber aufstehen.

»Wenn Du Dich nicht still hältst, kannst Du für ewig lahm bleiben«, riefen die Mädchen, und nun brachten sie Apfelsinen, Feigen und Datteln, eine ganze Schalle voll. Adolf ließ sich bereden, aber liebenswürdig war er nicht dabei. Mürrisch fraß er die halbe Schale leer und sagte, sie glaubten wohl, er wäre ausgehungert? Gegessen hätte er jetzt genug, aber er müsse heute Morgen »nothwendig irgend wohin«, er habe »eine Besprechung«, die er nicht aufschieben könne, etwas »an der Börse«, Geschäftssachen natürlich, von denen doch Frauen nichts verstünden, wenn er es ihnen auch gern erklären wolle.

»Aber wenn man doch krank ist«, beschwor ihn Annita.

»Ach was, Ihr macht mich krank« murrte Adolf. Nein, liebenswürdig macht unglückliche Liebe nicht, dachte Annita, aber das wäre auch zuviel verlangt, – wer weiß, wie ich einmal werde

Inzwischen wälzte er sich auf dem Sopha umher und wollte weder vorgelesen bekommen noch Dame spielen. Adelheid mußte fort in die Singstunde; nun hatte ihn Annita ganz allein, aber sie nahm willig die Last auf sich.

Merkwürdig ist es doch, wie der Arme sich beherrschen kann, dachte sie während der halben Stunde, da sie neben ihm saß, beinahe erwartungsvoll, daß es unangenehm werden könnte. Aber Adolf war nun unschuldig wie ein Lamm; sie hatten nämlich ein Thema gefunden, das sie interessirte; der Patient erzählte vom Cirkus. Prachtvolle Pferde gab es da, Rapphengste. Sie machten die seltensten Kunststücke und hatte sogar ihm selbst schon Zucker aus der Hand gefressen, »ungelogen, Annita«. Zucker? ihm aus der Hand? Ja, wieso denn? Bei der Vorstellung? – Nein, mal im Stall, – er kannte dort Jemand; die Rapphengste waren zu wundervoll, er hatte sie in der Nähe sehen wollen, und dabei hatte er dann Jemand kennen gelernt. Adolf sah vor sich nieder, räusperte sich, sagte dann aber nichts mehr. Ja, sehr ungelegen wäre ihm die Geschichte mit dem dummen Fuß jetzt, begann er wieder. »Ich habe keine Zeit da herum zu liegen, erwartet werde ich den ganzen Vormittag, da ich gestern Abend gekommen bin. Wenigsten in einer Drosche könnt' ich doch hinfahren, nur sagen, daß ich nicht ausgehen kann, weißt Du.«

Annita rieth zum Schreiben. »Ich bring' Dir alles, Adelheids niedliches kleines Schreibzeug, und wenn es etwas Geschäftliches ist, will ich von Mama Severin einen größeren Bogen holen, Geschäftsformat. Und gern will ich Dir den Brief in den Kasten stecken« – –

37

Adolf überlegte lange, mißmuthig willigte er ein.

»Du mußt aber unter der Zeit lesen oder sonst was. Wenn Du überguckst, schreib' ich nicht.«

»So indiskret bin ich doch nicht« rief das junge Mädchen mit erröthenden Backen. Er fing auch an zu schreiben, aber dann hörte er bald auf. »Es nützt nichts, es geht nicht. Ich weiß auch die Adresse nicht.« Er schmollte.

»Soll ich das Adreßbuch vom Krämer holen?« Annita wollte ihm so gern helfen.

»Nein, da steht sie doch nicht drin.« Das Mädchen hätte gern mehr gefragt, aber sie dachte an das »Übergucken«.

»Wenn Ihr mir heut Abend keine Drosche besorgt, kriech' ich auf allen Vieren aus der Hausthür«

»Könnte ich nicht den Weg für Dich machen?« schmeichelte Annita mit abgewendetem Gesicht.

Adolf zog die Brauen empor und die Mundwinkel hinab; er sah tief unglücklich aus

»Na, seid Ihr recht fidel, Kinder?« sagte Frau Severin, die hereinkam, um sich zu ihnen zu setzen.

Drei Tage hütete Annita den ungebärdigen Kranken wie eine Mutter ihren Säugling. Sie kam früh Morgens, wenn noch der Mond goldig am Himmel stand, von ihrer entfernten Wohnung herüber, – abends begleiteten Paul oder Max sie nach Hause. Er war zeitweilig freundlicher, der Patient, und gewann den Mädchen im Damenspiel Nickel ab. Aber von seinem vorübergehenden Frohsinn ließ sich Annita nicht täuschen. Er war unruhig, zuweilen ganz nervös, fuhr vom Sopha auf, wenn irgend ein Geräusch im Hause entstand, betheuerte von Zeit zu Zeit, jetzt müsse er fort, er könne und könne es nicht länger aushalten.

Als er einmal so wüthete, ging Annita und holte ihm vom Gärtner einen Veilchenstrauß. Sie wollte ihm zeigen, daß sie ihn verstehe und ihn wenigstens durch Güte trösten. Adolf beroch die Blumen einen Augenblick, dann legte er sie achtlos beiseite. Nein, man sah es deutlich, mit Kleinigkeiten war der nicht mehr zu befriedigen. Es war ja auch genau genommen, wenig – so ein Veilchenstrauß statt eines Herzens. Armer Adolf Er hatte doch ein schauderhaftes Schicksal.

Einmal lag auf dem Teppich vor dem Sopha eine Karte. Annita hob sie auf und sah dann, daß es eine auf die rechte Seite gefallene Photographie war.

»Was hast Du da? gib her« rief der Patient.

»Ist es Deine? soll das ein Mann oder eine Frau sein?« Das Mädchen hatte nur eine flüchtige Vision von panzerähnlichen glitzernden Tricots und einem Helm über Lockenringeln gehabt. Adolf war so eilig gewesen, ihr das Bild abzunehmen und zu sich zu stecken.

»Fein was?« sagte er schmunzelnd.

»Ist es ein Mann oder eine Frau? laß doch noch einmal sehen, Adolf.«

»Das Bild kennst Du nicht mal? steht doch in allen Schaufenstern. Miß Adamina, die berühmteste – –«

»Ist das eine Cirkusreiterin?« fragte Annita etwas hastig.

»Sie schwimmt vorzüglich. Dies ist ihr Badeanzug aus der Wasserpantomine, nobel, was?«

»O« Annita genirte sich und fürchtete doch, sich's merken zu lassen, eben weil Adolf so harmlos dabei war. Mama hat recht, er ist ein reines Kind, dachte sie gerührt, er weiß noch gar nicht, wie unpassend solche Bilder sind. Hätte ich es nur stillschweigend beiseite gebracht Das geht ja noch übers Ballet, keinen einzigen Rock, und ziemlich dick schien sie mir sogar zu sein. Sie betrachtete Adolfs rothbraunes Gesicht, die kleinen Augen, die runde Nase, den dicken Schnurrbart über dem rothschimmernden Munde. So kindisch ist er doch nicht mehr, – nein, es gehört schon ein ziemlicher Stumpfsinn dazu, solche Photographie in der Tasche zu tragen und sich nicht zu schämen. Ach nein, die Männer – –

Für einige Zeit verließ sie das Kinderzimmer, half Mama in der Küche und hackte Petersilie, immer nach der Melodie: »Dickes Trampelthier.« In ihrer Phantasie schwoll Miß Adamina von Augenblick zu Augenblick mehr auf, bis sie wirklich so dick war wie ein Koloß. Laß ihn nur allein sitzen laß ihn sich nur mit seinem Trampelthier im Badekostüm trösten, dachte sie rachsinnig; also das ist sein Geschmack reizend, wahrhaftig: Und auf der andern Seite bin ich sein Geschmack? O pfui, pfui, pfui solche Schmeicheleien, für die dank' ich. Die Männer thun jawohl alles in einen Topf, denen ist wohl alles gleich, – natürlich – Angela Rothermund, oder ich, oder dies Trampelthier, das ist egal. Unterscheidungsvermögen haben sie wohl gar nicht; na, das ist ja eine nette Entdeckung. Sie würde sich sogar schämen, die Geschichte Adelheid zu erzählen, die gerade einen Besuch machte. Bei Angela Rothermund, selbstverständlich geradezu zärtlich wurde von der hier im Hause gesprochen. O die Menschen die Menschen Annita fühlte sich plötzlich so allein, so ausgestoßen, daß sie ihren Kopf über das Hackbrett bog und ihren Thränen freien Lauf ließ.

»Kind Gottes, Du hackst ja lauter Haare mit in Deine Petersilie,« sagte Frau Severin und hob ihr den Kopf in die Höhe. Da lachte Annita unwillkürlich. »Nee, was bist Du für 'n kürige Deern wirst doch nich weinen, weil ich das gesagt hab'?« staunte Mama.

Adolf stöhnte ihr entgegen, als sie nach Stunden wiederkam.

»Ihr lauft alle weg wenn ich das gewollt hätte, wär' ich schon längst zu Haus — so allein — komm komm her, setz Dich wenigstens auf Deinen alten Platz, Annita — ich bin doch so schlecht dran — bedenke mal, wenn Du so liegen müßtest«

Annita versuchte, streng auszusehen. »Du bist schon ganz verzogen;« sie setzte sich neben ihn, aber steif zurück gegen die Stuhllehne.

»Das ist ja noch das einzige, was ich davon habe, dafür bin ich ja auch Euer Cousin, Deiner doch auch, Annita, oder so gut wie, nicht?«

Ach was für ein dummer, kindischer Bursch er doch war mit seinen müden, hülflosen Augen und den hängenden Mundwinkel. Nein, nein, sie hatte ihn zu strenge beurtheilt, ein sanftes mütterliches Rühren überkam sie.

Leise streifte sie über sein Haar, das ihm tief in die Brauen hineinhing.

»Ja gewiß, lieber Adolf, und ich will auch nicht wieder weglaufen, Du thust mir ja so — —«

Der Junge hielt sich ganz still unter der liebkosenden Hand; langsam stieg ihm eine Hitze ins Gesicht, er stöhnte ein bißchen.

Das Mädchen aber konnte es nicht ertragen. »Adolf, Adolf« schluchzte sie auf; die Thränen liefen ihr herunter, sie legte ihre Arme um seinen Kopf und wollte seine Stirn küssen. Erschrocken fühlte sie dann sein plötzliches Emporbäumen und Straffwerden; nun wollte sie sich zurückziehen, aber es gelang nicht mehr; er hielt sie mit seinen kurzen festen Händen umklammert und drängte seinen Mund auf den ihren. Es war ein Augenblick der Betäubung, der Sinnlosigkeit; Adolf stöhnte fortwährend, Annitas Thränen strömten, und dabei küßten sie sich mit fest zusammengepreßten brennenden Lippen. Sie hörten nicht, daß die Thür aufging, sie hörten erst den verwundert empörten Aufschrei:

»Na, was is nu los«

Gleichzeitig glitt Annitas Stuhl zurück, und sie fiel zwischen Sopha und Stuhlpolster auf den Teppich.

Mama Severin rang die Hände.

»Schämst Du Dich nicht? Annita in meinem ganzen Leben – – Adolf, Du Schlingel – aber das große Mädchen is ja zwanzigmal mehr schuld Ja, nu kannst Du rauslaufen wärst man lieber vorher rausgelaufen o Gott, o Gott, o Gott, wenn Papa das hört so'n Unanständigkeit so'n – was sagst Du? willst Du entschuldigen, Du Schleef? Je, wart Du man Da muß man andere Saiten aufziehen« Sie drohte dem Jungen, der seinen Kopf versteckt hatte, mit der rundlichen Faust.

»Ich bin schlecht, Tante ich bin keinen Schuß Pulver werth,« stöhnte Adolf, mit der Nase in den Sophakissen.

»Was? keinen Schuß Pulver?« Frau Severin stutzte.

»Nicht werth, daß mich die Sonne bescheint« jammerte der Bursche.

42

Die Frau griff sich in die Haare, ihre Augen wurden starr. Sie sprang auf den Neffen los:»Was hast Du auf'm Gewissen, Unglückskind?« rief sie, ihn rüttelnd. »Sag es man um Gottes willen – was habt Ihr hier vorgehabt? – –«

»Ach Tante Du hast es ja gesehen Ich habe sie – – wir haben uns – – Annita is so nett mit mir – – immer schon gewesen – –«

»Immer schon gewesen« Das matte Echo der Worte ging unter in einem verzweifelten Händezusammenschlagen. »Immer schon so nett wie heut?« fuhr sie ironisch fort.

»Nein, so nett noch nie«

Bei der Betheuerung blickte Mama Severin auf. Dann murmelte sie etwas Unverständliches, seufzte und kopfschüttelte ängstlich und ging endlich Annita nach, die bei ihren ersten Worten aus dem Zimmer geflohen war.

Das Mädchen ließ sich durchs ganze Haus suchen; oben in Adelheids Stübchen neben dem Bett saß sie, hatte ihr heißes Gesicht in die kühlen Laken gesteckt. Als aber Mama Severin roth und keuchend hereinguckte, stand sie auf und ihr mit verwirrten Augen entgegen.

»Weißt Du, Mama, ich hatte es nämlich gar nicht so gemeint, ich wollte ihn ja nur trösten.«

»Achhott, Annita« Frau Severin blinzelte beleidigt und gab ihr einen Puff.

»Sieh mal, weil ich ihn nicht – nicht leiden mag« das Mädchen sprach so überzeugt aus gutem Gewissen.

»Weil Du ihn nicht leiden magst?« stotterte die Mama.

Annita reckte sich grade. »Ach Mama, meinst Du denn, daß ich ihm einen Kuß gegeben hätte, wenn ich ihn möchte?« sie war flammend roth.

»Du hast ihm überhaupt keine Küsse zu geben Bei mir im Hause – ein junges Mädchen und schämt sich nich –« sie schlug mit der flachen Hand auf das Betttischchen, daß der Leuchter tanzte. »Du bist klug genug, Du weißt, daß sich das nicht paßt. Ich denk', mich soll der Schlag rühren« – –

»Ich hab' mich auch so furchtbar erschrocken,« stammelte Annita mit niedergeschlagenen nassen Augen.

»Ja, das glaub' ich woll« höhnte die Mama. »Sag' mir, Du Unglückswurm, habt Ihr das schon mehr gethan?« – –

»Gott, Tante, wie kannst Du so was denken – – ach, es ist ja nur so gekommen – weißt Du« – – Annita weinte.

»Du bist 'n überspannte Deern« sprudelte Frau Severin, »na komm wir woll'n es man Adelheid gar nicht erzählen, hörst Du? na ja, na ja, ich will das je gern glauben, daß da keine Liebelei hinter steckt« –

»Keine Spur«, schluchzte das Mädchen mit dem Kopf auf Mama Severin's Schulter. – »mit solchem dummen Jung« –

»Aber das Gesabbel will ich auch nicht, hörst Du woll? Was is das für 'n Manier? So 'n paar Gören 'n Mutter haben sie auch nich mal Na, nu heul' man nich mehr. Der Schlingel von Jung hat auch all geheult. Was von Schlechtigkeit und keinen Schuß Pulver werth sein – – weißt Du, was das heißen soll?« – – Sie guckte das Mädchen unvermuthet scharf an. Annita blieb ganz ruhig.

»Ja, es war auch scheußlich von ihm, daß er mich so festhielt,« sagte sie mit empörtem Kopfnicken, und dann fuhr sie sich mit der Hand hart reibend über die Lippen, »nie wieder geh' ich zu ihm hinein.«

»Dafür will ich woll sorgen, Ita Nee, der wird nu hinausgeliefert, er is je wieder besser. Aber das muß ich doch sagen, mit meiner Adelheid is nie im Leben so was vorgekommen Du mußt ganz anders werden, Kind, Du bist viel zu freundlich En Mädchen muß sich immer suchen lassen. Zurückhaltend Je je Guck Du man Siehst Du woll?« Annita hatte die Scheltende beim Kopf genommen und feurig abgeküßt, daß die Worte nur zerrissen und erstickt zum Vorschein kamen.

Am Nachmittage kam eine Drosche, und Adolf wurde mit Augusts Hülfe hineingesetzt. Er sagte, er freu sich nich wenig, daß er wieder so weit sei.

Annita kam nicht zum Vorschein, er that auch nicht als vermisse er sie. Adelheid hatte die Geschichte doch erfahren. Sie war sehr schokirt. »Sieh mal, Du hast immer so viel auf Angela Rothermund zu sagen, aber ich glaube doch nicht, daß sie so etwas fertig gebracht hätte. Gott, ist es reizend bei den Rothermunds Erdbeeren und Schneemus schon zum Frühstück, und Zimmertelegraph durchs ganze Haus.

Nächste Woche gibt die einen großen Ball, sie wird Dich hoffentlich auch einladen, Ita?«

»Ich geh' doch nicht,« wehrte Annita beleidigt. Sie waren in den letzten Tagen ein wenig fremd miteinander.

»Wie komisch Du Dich anstellst,« sagte Adelheid von oben herab, – dann sprachen sie nicht mehr zusammen. Annita schloß sich um so wärmer an Mama Severin an. Acht Tage lang war sie ihr der einzige liebste Mensch auf der Welt. An Adolf wagte sie kaum zu denken, nicht einmal wenn sie allein war, ganz still, vor dem Einschlafen. Es ging ihr damit wunderlich. Hinter dem dummen, kindischen, frechen Adolf stand noch ein andrer Adolf, ein herrlicher Mensch in jeder Beziehung, und den sie sich nur mit Herzklopfen vorzustellen getraute. Dieser Zweite hatte eine feurige Liebe zu ihr, und sie erwiderte sie ebenso feurig. Sie hatte den armen Jungen Adolf auf die Stirn küssen wollen, und plötzlich war jener Zweite hinter ihm vorgesprungen, und dann war jene sonderbare Begebenheit vorgefallen. Sie hatte durchaus die Vorstellung, daß die Küsse, die sie heftig erwidert, von jenem Zweiten herkämen. Sie hatten nichts Unangenehmes oder Beschämendes in der Erinnerung, nachträglich kam es ihr sogar vor, als habe sie sich in jenem Augenblick unbeschreiblich glücklich gefühlt. Zu Anfang konnte sie von Adolf wegwerfend, scherzend, ironisch sprechen; je mehr Zeit verging, in der sie ihn nicht sah, desto unerträglicher ward ihr's, dergleichen auch nur zu hören von Andern. Adolf wurde immer mehr zu dem zweiten Adolf, für den sie empfindlich, besorgt, ja zärtlich war wie für Niemand sonst. Sie traute ihm die merkwürdigsten Eigenschaften zu, war auch überzeugt, daß einzig eine leidige Verkettung von Umständen ihn bis jetzt verhindert hatte, sich in »seinem waren Licht« zu zeigen. Adelheid zog sich offenbar von ihr zurück, Mama Severin sogar sprach mit ärgerlichem Antheil von Rothermunds Liebenswürdigkeit. Sie hatte die zerstreute Familie besucht und zwei von ihnen zu Hause erwischt, aber das gab einem gleich einen Begriff, – einen Begriff – – und überhaupt dieser solide Luxus Was sie am meisten freute, war, daß Leute wie die, die so dastanden, alle Kleider im Hause schneidern ließen Denke Dir, Angelas und Marys Ballkleider Auch August war entzückt davon; er konnte stundenlang von Rothermunds erzählen hören, die kleinsten Einzelheiten, wie sie die scharfen Blicke von Mutter und Tochter in ihr Gedächtniß notirt hatten.

Annita war ganz allein mit sich und Adolf. Wie er wuchs und sich verschönte von Tag zu Tage Sogar äußerlich. Es war offenbar ein Irrthum, daß er sick sein sollte. Wer war nur auf diesen Unsinn verfallen? Er hatte im ganzen eine ungemein interessante Erscheinung, wie es eben selbstverständlich war für einen Menschen, der sie so heiß und unglücklich liebte. Solche Menschen sind niemals dick Ach, und die Augen Auf hundert Schritte würde man ihn herauskennen und einander fragen: Wer ist der junge Mann mit den breiten, immer gesenkten Augenlidern? woher dieser düster brennende Blick und das schmerzliche Zucken der Brauen? Ja, wenn sie es wüßten Aber das war zwischen ihm und ihr; Tante Severin war nicht zu rechnen, denn was verstand sie davon? Sie hatte Adolf nie verstanden »Wo still ein Herz in Liebe glüht, o rühret, rühret nicht daran« Aber Tante Severin hatte daran gerührt und »gewiß, es war nicht wohlgethan« Denn Adolf war nun wieder völlig unsichtbar geworden. Das war ja gut – – insofern – aber wenn er nur jemand hätte, der ihn pflegte, der sich seiner annahm Es kam ein Tag, wo Annita ihm eine angstvolle, herzklopfende Fensterpromenade machte, nur um zu wissen, ob Max, der täglich bei ihm vorbeiging, auch die Wahrheit berichtet habe. Gottlob, seine Fenster waren dunkel Er ging schon wieder aus, Max war gerechtfertigt. Ach, wo mochte er nur umherirren in Nacht und Nebel? Der Februarabend war so ungastlich, es regnete nassen Schnee, und in die lauwarme Luft fuhren plötzliche eisigkalte Windstöße: Der Arme Er war ja doch »drüben« geboren, und ihn fror immer an diesen naßkalten Wintertagen.

Auf einmal fiel ihr ein, sie könne ihm ja vielleicht begegnen Der zweite Adolf irrte wahrscheinlich in Nacht und Nebel umher, trauernd und unselig, aber der eigentliche Adolf war vielleicht bei seinem Vormund im Comptoir, wo er als Volontär lernte, und konnte jetzt, da es sieben Uhr schlug, zum Mittagessen nach Hause gehen. Annita ward glühend roth unter ihrem weißen Schleier. Das Pelzkäppchen drückte plötzlich ihre Stirn, und der oberste Knopf des Plüschpaletots war ihr immer zu eng gewesen; nun beklemmte er ihr den Athem, auf damit auf damit Die zwei Adolfe schmolzen plötzlich ineinander wie zwei Schneeflocken, ununterscheidbar, – jetzt gab es nur noch einen, und dieser konnte ihr jeden Augenblick begegnen. War das ein angenehmer Graus Aber die Straße, die Straße wie kurz Da war sie schon am Ende. Ja, dann half es nicht, dann mußte man noch einmal entlang. Es war gewiß Bestimmung, sie sollten sich heute Abend hier treffen. In den Büchern ihres Lebens stand es so eingezeichnet. Aber dann nicht so schnell gehen, die Fehlandsstraße ist zu bald durchmessen. Sie stand an jedem Schaufenster still. So, gab es schon frische Erbsen und Bohnen? Und wie hübsch rosig die Radieschen auf dem Teller mit Kresse schimmerten. Es waren eine Menge Konservenbüschen da; wenn man all die Aufschriften las oder wenigstens so that, konnte es wirklich lange dauern. Und manches war ja auch interessant herauszukriegen. Zum Beispiel dieses Weißliche, Krause da oben in der Schüssel, was mochte das wohl sein? Sie rieth und rieth, immer mit dem Gedanken: kommt er? kommt er nicht? und mit den Augen gewissermaßen auf dem Rücken. Sieh da, frische Champignons Wenn es nur keinem auffällt, daß ich hier so lange stehe Kann es angehen, daß in der Schüssel Magdeburger Sauerkraut ist? Ach, jetzt stellt sich der alte Schafskopf mit seinem Regenschirm gewiß auch hierher O weh, dann muß ich weg Richtig, er kommt herübergesegelt, er steht er steht still Himmlische Güte, Papa Severin O was soll ich anfangen. »Sie haben sich aber 'n nasse Stelle ausgesucht, Fräulein grade unter der Dachrinne« sagte Herrn Severins joviale Stimme. »Kommen Sie doch 'n büschen mehr auf diese Seite« – – er streckte leutselig die Hand aus, als wolle er sie an das andre Fenster ziehen. »Na, nu suchen Sie sich man was aus Was begehrt Ihr Herz? Gehen Sie denn ganz allein? I, so 'n junges« – –

»Herr Severin, kennen Sie mich nicht?« sagte Annita entsetzt, sie hatte ein Gefühl, als ob sie nicht ein Wort mehr hören dürfe. Der joviale Herr fuhr zurück, räusperte sich längere Zeit und sagte dann in verändertem Ton:

»Na so, na so Je Du bist mir auch gleich so bekannt vorgekommen I, denk ich, steht da nich 'n bekannte Dame vor dem Delikatessenteller? Na, wolln wir 'n Pumpernickel mitnehmen? Du willst doch zu Adelheid, nich? Oder 'n büschen Jungenwurst? Na, bist woll in der Stadt gewesen? Kannst je mit reinkommen, um acht Uhr zehn ist die Pferdebahn am Dammthor, die kriegen wir noch.« Er schob das Mädchen voran.

In der Überrumpelung sagte Annita ja zu allem. Aber sie war dabei böse auf sich Grade als ob sie mondsüchtig wäre und nicht mehr wüßte, was sie thäte Ihr Wille verlangte so dringend zurück nach der menschenleeren Straße mit den windversörten gelben Gaslaternen und dem bläulichen Widerschein der elektrischen Lampen am Jungfernstieg, der den Himmel mondhell machte; nach dem Regen und Schnee und dem zögernden Herumwarten, nach der Begegnung mit dem gehätschelten Pflegling ihrer Phantasie, der jetzt bereits Flügel zu entfalten anfing, deren Wehen sie in eine sehnsüchtige anbetungsvolle Betäubung versetzte. Und statt dessen that sie Papa Severins Willen und ging mit ihm in den nach Käse, Apfelsinen und feuchter Sellerie duftenden Keller und stellte sich, als interessirten sie Sardinen in Öl oder Delikateßheringe in Weinsauce, und der Papa, den sie nicht mochte und der sich nie um sie bekümmert hatte, außer damals mit dem Grogglase, schauerlichen Angedenkens, zog sie jetzt zu Rathe, bei allem, was er einkaufte, erkundigte sich theilnehmend nach ihrem Verhältniß zu Caviar und wollte zum Schluß durchaus nicht leiden, daß sie auch einige von den zahlreichen Päkchen trüge. Und unterstützte sie beim Besteigen der Pferdebahn so galant, daß ihm der Pumpernickel entrollte, – aber kein Groll kam in sein breites behäbiges Gesicht Annita wußte später nicht ein Wort von dem, was sie mit ihm gesprochen, auch nicht wie sie von Mama Severin und Adelheid empfangen und an den Speisetisch geführt wurde. Sie wachte erst auf, als die Familie ein Jubelgeschrei ausstieß beim Auspacken der mitgebrachten Herrlichkeiten. Nur Mama meinte etwas verwundert: »Herrjes, Papa hat jawoll das große Loos gewonnen.« Aber das tiefere Bewußtsein bekam Annita auch dann nicht zurück, als sie mit den anderen plauderte und scherzte. Der große Gegenstand war eine Puppenaussteuer für Angela Rothermunds siebenjährige Nichte.

Hemdchen und Röckchen und Schürzchen, von allem sechs Stück und fein mit Seide gezeichnet, nur von den Taschentüchern hatten es natürlich zwölf sein müssen, davon braucht man ja immer so viele Mama gerieth in Ekstase vor ihrem eigenen Werk: »Gott, wenn ich als Kind so was geschenkt gekriegt hätte« seufzte sie mit gefalteten Händen; in ihren Augen schimmerte eine Thräne.

Papa, der mit einer großen Handbewegung unter die Nippsachen fuhr, um Platz für den »Hamburger Korrespondenten« zu machen, den er mir weit von sich gestreckten Armen unter die Hängelampe hielt, erntete beleidigte Blicke von all den Jungen – sie hatten sämmtlich Verstand von der Bekleidungsfrage, und besonders der blasse Cäsar wurde Rath gefragt, wenn Mama nicht wußte, ob sie lachsfarbene oder mattblaue Bändchen nehmen wollte.

Die Thür ging plötzlich auf, ohne Klopfen, und herein trat Adolf, den Hut in der Hand, fast im Laufschritt; Annita, die mit dem Rücken gegen die Thür saß, hörte den Ausruf der Mama: »Herrjes, Adolf sieh, bist Du besser? wo kommst Du denn her?« »Guten Abend« Er stand da, drehte den Hut – Annita, deren Herzschlag einen Augenblick ausgesetzt hatte, wagte einen verstohlenen Blick. Nein, nein, nein das war nicht der Mann mit den Flügeln, es kam herunter wie kalter Regen, ihr wurde auf einmal so fremd und traurig und kühl

Dunkelroth und glänzend stand er da; es war ein ungewohnter ungewöhnlicher Ausdruck in den jetzt offenen Augen und besonders um den Mund, etwas Gehobenes, Feierliches, Verklärtes, dazwischen aber eine putzige Verlegenheit, wie er sich so steif hielt und den Stuhl, den sie ihm hinschoben, ganz unbeachtet ließ.

»Könnte ich Dich vielleicht einen Augenblick sprechen, Tante oder Onkel?« seine Stimme war heiser vor Aufregung.

»Es ist doch kein Unglück passirt?« sagte der Papa aufmerksamer; die Mama stieß einen Schrei aus und hielt sich fest an der Sophalehne.

»O nein, ganz im Gegentheil, – es ist etwas Wichtiges, was mich betrifft, – etwas ganz Unerwartetes« – –

»Na, denn könntst Du das jewoll auch hier sagen« brummte Papa, der seine Sophaecke ungern verließ.

Adolf schnappte nach Luft, lächelte mit einem seltsamen stieren Ausdruck vor sich hin; man sah wohl, er war bis zum Rande voll von seiner Neuigkeit, aber er zögerte gleichwohl.

»Na, so schieß doch los?« schrie Max und schlug ihn kräftig auf die Achsel.

»Ich – ich wollte nur sagen – es interessirt Euch doch gewiß, und ich weiß gar nicht, wo mir der Kopf steht – – also – nämlich – ich habe soeben einen Sohn bekommen.«

»Was? was hat er bekommen?«

»Mama Severin griff krampfhaft um sich in die Luft: »Achhott, achhott, nu is er jewoll übergeschnappt«

Papa erhob sich mit dummem , aber allmählich heller werdendem Gesicht, griff über den Tisch nach dem Neffen und zerrte ihn ohne ein Wort zu reden mit sich hinaus. Adolf wehrte sich verblüfft und sagte fortwährend: »Aber Onkel, wie ich Dir sage ganz gewiß, ganz gewiß Ihr seid die Ersten – und – er sieht mir schon ähnlich –«

Da brach um den Tisch ein Lachgebrüll los, das dem Erstaunenskrampf ein Ende setzte; die Jungen stießen einander in

51

die Seite, und plötzlich rollten Max und Paul auf dem Teppich und lachten und balgten sich wie besessen.

»Was habt Ihr eigentlich zu lachen?« sagte Mama in strengem Ton. Sie setzte ihre Nähbrille auf und blickte unter den Tisch. »Ich bin nich für das Gerangel, das wißt Ihr, und Ihr habt auch gar keinen Grund, Euch so zu haben. Ich fürchte, ich fürchte – Adolf is ja sonst so 'n netter Jung, aber wenn er man nich trinkt Ich hab gar nich verstanden, was er eigentlich wollte, aber das konnt' man je mit halben Augen seh'n, daß er nich recht bei sich war.«

»Er hat gesagt, er hätt' 'n Kind gekriegt,« jubelte der kleine Ferdinand.

Schwabb, hatte er seinen Klapps auf den Mund weg. »Daß Du mir nich noch mal so was sagst, solche unanständige Sachen sind noch gar nichts für Dich« zürnte die Mama.

Der in seiner Freude gestörte Junge fing an zu heulen: »Adolf hat es doch selbst gesagt, da kann ich doch nichts für,« schrie er tief gekränkt.

Inzwischen wurde es auch hinter der Thür laut und lauter. Man hörte Papa auf den Tisch schlagen, und Adolf mit erhobener Stimme einzelne Worte ausstoßen. »Sehr anständig ihr Vater ist ein serbischer Graf, so bald wie möglich verheirathen – Miß Adamina hat es mir auch gesagt – der einzige Weg, wie ich es wieder gut machen kann,« und dazwischen Scheltworte: »Esel Grünschnabel Taugenichts so? na, das wollen wir erst mal seh'n« in Papas wohlverständlichem Organ.

Annita ertrug es nicht länger; sie hatte mit starr auf das Tischtuch gesenkten Blicken gesessen, seit Adolf gekommen war. Sie wollte einmal auch lachen, als Alle lachten, aber es ging nicht, sie hatte einen Krampf in den Kinnladen, und ihre Augen füllten sich mit

Thränen. Ohne Erklärung verließ sie das Speisezimmer, Adelheids Stübchen war ihre Zuflucht wie gewöhnlich. So etwas war ihr denn doch noch nicht vorgekommen An Adolf dachte sie keinen Augenblick, der war ihr nur widerwärtig. An sich dachte sie, an sich allein, und es war ihr, als stehe sie dumm und blöd und blind vor einer dicht in Nebel gehüllten Landschaft. Was geschieht dort? sie sieht es nicht. Um was handelt sich all' das Lärmen und Laufen? Warum steht man auf und geht wieder zu Bett? Was ist es eigentlich, was die Menschen treiben? So ganz im Stillen, im Geheimen? Wird sie denn ewig dumm und lächerlich sein und nichts verstehen von dem, waas vorgeht? Sie tastete und tappte, aber auch nicht ein Strohhalm war da, an dem sie sich halten konnte. Und immer war es, als stehe Jemand im Hintergrunde und lache sie aus. Wer? sie kannte ihn nicht. Irgend ein Mann, eine Frau war es nicht, das hörte sie am Lachen. Es wurde ihr ganz unheimlich zuletzt, es fror sie so, daß ihr die Zähne klapperten. Ein dünner Lichtstreif fiel durch die Thürspalte, Schritte kamen herauf.

»Bist Du hier oben, Annita?« sagte Mama Severin; ihre Stimme klang ärgerlich und müde.

»Ich bin hier,« sagte das Mädchen mechanisch.

»Na, Adelheid is schon ganz böse, sie wollte nich mit rauf.« Sie leuchtete ihr ins Gesicht. »Gott, Kind, Du siehst je so komisch aus, was is Dir denn eigentlich?« Und als sie nun keine Antwort erhielt, trat Mama ängstlich ganz nah heran. »Kind, Du kannst einem wahrhaftig bange machen,« flüsterte sie zitternd, »der dumme Bengel hat doch um Gottes Willen nich auch Dir was in'n Kopf gesetzt?«

»O pfui, Tante« sagte Annita laut und empört. – Plötzlich faßte sie sich ein Herz. »Weißt Du, Tante, es ist doch wohl eigentlich Alles ganz anders, als wir Mädchen es uns denken, nicht?«

»Ach ja,« machte die Mama gedehnt, »da magst Du wohl recht haben. Ja, wenn ich so nachdenk', – es ist wohl Manches anders Wieso meinst Du?«

»Besonders mit den Männern, nicht Tante?«

Mama zuckte vorsichtig die Achseln. »Was für Männer meinst Du?«

Annita verstummte. Endlich getraute sie sich zu sagen: »Adolf ist ein schlechter Mensch, nicht Tante?«

»Ach Kind, sprich lieber gar nicht von dem Eselinsky Er wird nach Amerika geschickt, und damit hopp und hollah Mein Mann will mit dem Vormund Rücksprache nehmen – –«

»Und seine – Frau und sein Sohn, was macht er mit denen?«

Mama starrte sie sprachlos an, lachte heiser und wurde dann auf einmal steif. »Das sind Dinge, die 'n anständiges, junges Mädchen nicht zu wissen braucht, und das zeugt nich von Bildung, daß man über so was spricht. Was wird so 'n siebzehnjähriger Schleef wohl 'n Frau haben? Da is man still und denkt sein Theil Wer wird wohl so was in'n Mund nehmen? So is es zu meiner Zeit Mode gewesen, und so mach' ich es wieder bei meinen Kindern. Wart, bis Du Dich mal verheirathest«

»Ich? nie« rief Annita hastig. Jetzt bin ich fertig hier, dachte sie.

Mama blieb steif vor ihr stehen mit ärgerlichen Runzeln auf der Stirn.

»Nee Du, nu reißt mir auch mal der Geduldsfaden, nu mag ich das Gewäsch nicht mehr hören. Du thust mir 'n büschen zu blümerant, – müßt Dir wirklich erst mal den Wind um die Nase wehn lassen. Nichts wie Freundlichkeiten hast Du hier genossen, un dennoch immer dieses abstoßende Wesen gegen Angela – da haben wir uns schon lange über geärgert. Sieh mal zu, wie Du durchkommst mit all' dem überspannten Kram im Kopf« – –

»Adieu, Mama, adieu ich danke Dir tausendmal für Alles, ich kann es nie, nie vergessen« Annita küßte die zürnend sich bewegende Backe.

»Bitte, bitte, Ihr müßt nicht schlecht von mir denken, Ihr seid so anders und ich bin so – so dumm Grüße Alle, seid mir nicht böse Adieu für immer adieu, adieu«

Sie lief an Mama vorüber, die sprachlos dastand, riß Pelzkappe und Jacke vom Nagel und rannte in Thränen gebadet in den Schneesturm hinaus.

Fertig ganz fertig. –

Zwei Tage später verlobte sich August mit Angela Rothermund. Das Severinsche Haus stand auf dem Kopf vor Jubel.

Annita gratulirte nur schriftlich. Adelheid schnippte die kahle Karte vom Tisch. »Mama,« sagte sie geheimnißvoll, »weißt Du, was ich jetzt glaube? ich glaube, daß Annita ein herzloses Mädchen ist.«

»Ach, sie wird wohl wiederkommen,« bemerkte Mama zerstreut; »na, wenn uns nur die Kochfrau nich sitzen läßt Sie wollte doch um halb zwölf hier sein«